シリーズ「遺跡を学ぶ」

137

# 沖縄戦の発掘

# 沖縄陸軍病院南風原壕群

池田榮史

新泉社

# 沖縄戦の発掘

## —沖縄陸軍病院 南風原壕群—

池田榮史

【目次】

編集委員
勅使河原彰（代表）
小野　昭
小野　正敏
石川日出志
小澤　毅
佐々木憲一

装　幀　新谷雅宣
本文図版　松澤利絵

# 第1章　沖縄戦の病院壕へ

## 1　沖縄戦の病院壕へ

### 調査の開始

沖縄では、日本本土にくらべて植物の生育が速い。公園や一般家庭の庭でさえ、しばらく手入れを怠るとあっという間に草々におおわれてしまう。沖縄陸軍病院第一・第二外科壕群が設けられていた南風原《はえばる》町の黄金森《こがねもり》丘陵も同様で、わたしたち琉球大学考古学研究室の調査がはじまる前は、丘陵の裾を利用した耕作地以外には人手が入ることもなく、茅《かや》や雑木、葛《かずら》や蔓草《つるくさ》が茂る自然林の姿に戻っていた。

そこで調査はまず、茂った茅や雑木をかきわけながら黄金森（**図1**）に足を踏み入れ、出入りのための通路を確保することからはじまった。高木はできるかぎり残し、茅や葛、蔓草など地表面に繁茂して視界をさえぎる植物を刈りとり、壕の出入り口の痕跡や丘陵上に残る沖縄戦のときの散兵壕（兵隊が移動のために用いる通路壕）跡、米軍艦からの艦砲射撃および地上からの砲撃による砲弾の着弾痕（穴）、さらには戦後の厚生省による遺骨収集の際に重機で掘削した痕跡を確認していくのである。

　しかし、繁茂する茅や樹木には葛や蔓草が大量にからまり、先に進むのは容易ではない。足元がみえないほどに草木が茂った丘陵には、琉球列島に生息する毒ヘビのハブがいるかもしれず、無闇に踏み込むのは危険である。蜂、毛虫、蚊などへの注意も欠かせない。

　学生のなかにはハブや蜂、毛虫の対策

**図１●黄金森と発掘前の伐採作業**
黄金森は南風原町字兼城と字喜屋武のあいだに位置する丘陵の通称で、両集落の祭祀の場でもあり、地元では「くがにむい」とよんでいる。

に慣れた者もいたが、多くははじめて叢林（ブッシュ）に足を踏み入れる者ばかりである。戦争遺跡の調査に参加するという目的意識の高まりは、ややもすれば安全対策よりも作業の達成を求める行動につながり、がむしゃらに前進しようとする姿勢を生じやすい。

そこで、参加学生のなかから比較的俊敏でかつ慎重さをあわせもった者を先頭に進入路を切りひらき、そこから左右に刈りひろげて現地形の観察ができる状況をつくっていった。後日、学生たちはこの作業を「伐開」とよんだ。

## 壕内に入る

第二外科二〇号壕は、丘陵を掘り抜いて設けたトンネル壕であり、二つの出入り口の一方である東側には崩落した天井部に隙間ができており、そこからなかに入れる状況であった。

隙間に身を滑り込ませるようにして入った壕内はジメジメと湿っており、隙間から射し込んだわずかな光によって、床には水たまりがみえた。背をかがめながら、水たまりを越えて進むと、外の光はまったく届かなくなり、手にした懐中電灯の明かりだけが頼りとなる。

天井や壁面には暗闇を好む大量のゲジゲジが這いまわり、懐中電灯の光から逃れるようにうごめく。床面には天井や壁面から崩落した石塊が凸凹状態で積み重なっており、崩落をまぬがれた天井や壁面は黒く変色し、壕の掘削に用いたツルハシの跡がいたるところにみられる（**図2**）。ときおり、壕内に棲みついたコウモリの鳴き声と飛び交う翼の音がこだまのように響くと、学生のなかにはこわがって先に進むのをためらう者もいる。

それを鼓舞しながら壕内を少しずつ進むと、やがて一九・二一号壕とのあいだをつなぐ中央の通路と交差する場所に出る。ここからもう一方の西側の出入り口までは壕内の残存状況がよく、背を伸ばした状態で通行できる。

しかし、天井や壁面はやはり真っ黒に変色しており、左右の床面隅には壕を支えた支柱の根元が立ち枯れた樹木のようにならんで残っているのが確認できた。漆黒の壕内で懐中電灯のなかに浮かび上がる朽ち果てた支柱、真っ黒に変色した天井や壁面は、否応なしに沖縄戦が実際に起こった出来事であることを実感させた。

## 壕内調査の開始

壕内に入ると、空気は湿っぽく、しばらく過ごしていると、しだいにあくびが出て、呼吸がきつくなる感覚を覚える。後にわかったことであるが、完全に崩落して塞がっていたと考えていたもう一方の出入り口は崩落した石塊に隙間が

図2 ● 整備する前の第二外科20号壕
2つあった出入り口の東側から入った壕内は、天井や壁面から崩れた土塊が厚く堆積していた。

あり、ここが空気の出入りする通気孔の役割をはたしていた。呼吸がきつく感じるようになったのは軽い酸欠（二酸化炭素中毒）状態の前触れだったのである。このため、調査の際にはもう一方の出入り口に小さな空気穴を設けて、酸欠を防ぐことにした。

はじめは恐る恐ると壕内に入っていた学生たちも、出入りを繰り返すあいだに少しずつ落ち着きをとり戻した。その頃合いを見計らって壕内現況実測調査にとりかかった（**図3**）。壕内にトランシット（セオドライト）をもち込み、壕平面の曲がりに合わせて角度を変更しながら、床面に二メートルおきの基準杭を設定した。そして基準杭にそって、基準杭直上の天井と壁面、床面に基準の釘を打ち、これらを水糸でつないだ。こうして壕床面に打った二メートルおきの基準杭の位置で輪切りにするように張った水糸を基準として壕内実測をおこなうのである。高低差の計測には壕内にオートレベルという計器をもち込んだ。なお、トランシット（セオドライト）やオートレベルを壕内で使用するには通常の三脚では使い勝手が悪いため、脚部の長さが短い三脚を導入した。これを学生たちは現場で「短足くん」とよんでいた。

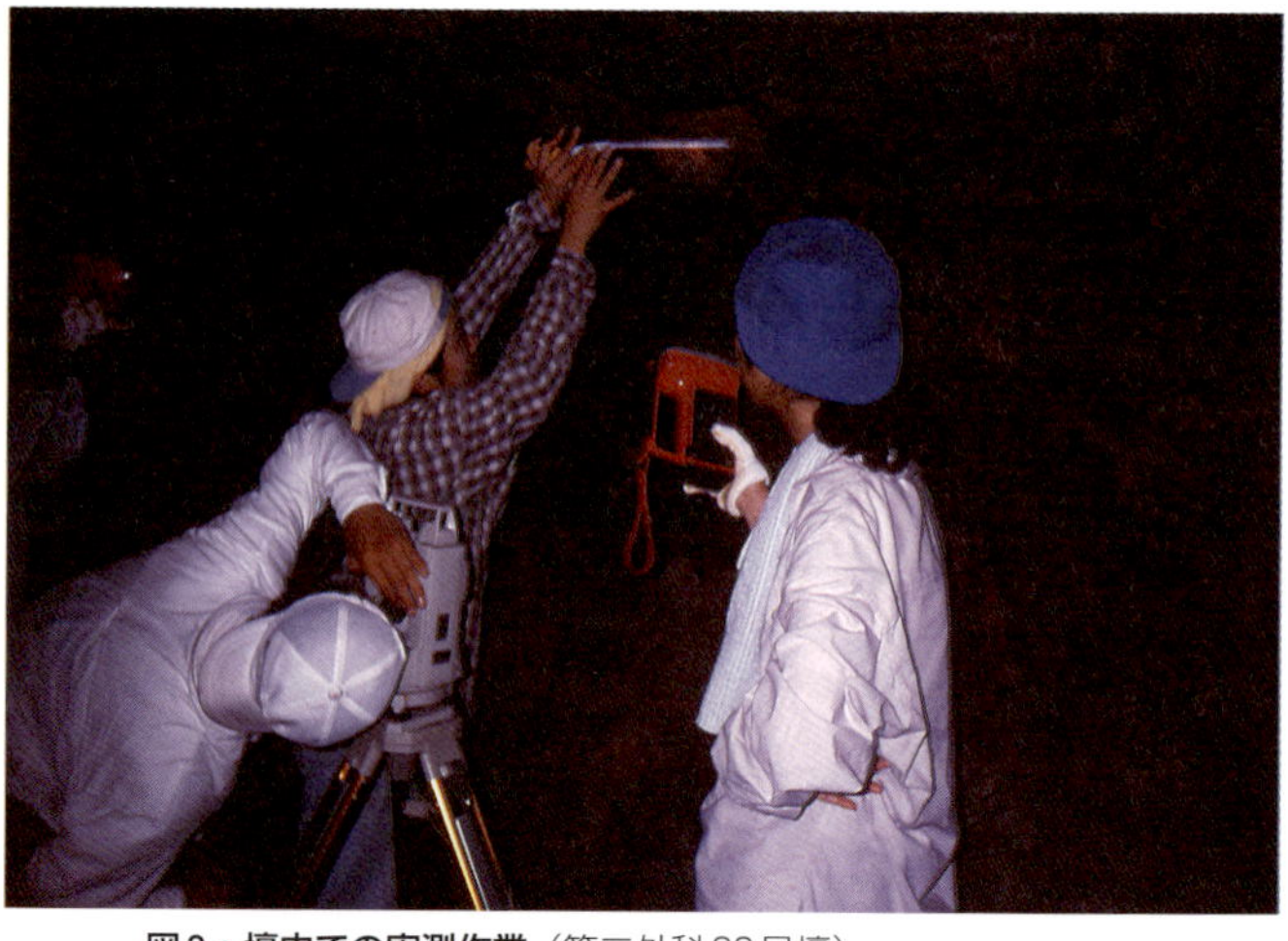

**図3 ● 壕内での実測作業**（第二外科20号壕）
壕床面に打った2mおきの杭を基準にして天井と壁面に釘を打ち、そのあいだを水糸で結んで実測基準線を設け、実測する。

こうして壕内の床面の平面図と天井の見上げ図、基準線に沿った壕全体の断面図とこれをふまえた左右見通し図、それに基準杭の位置ごとに壕を輪切りにした状態の断面図を縮尺一／二〇で作成した。天井見上げ図や断面見通し図には天井や壁面の焼け焦げた跡や焼け残った支柱の残存状況、および戦後の崩落部分の現況を記録しており、これは調査後に壕の劣化状況を確認する際の基本情報となっている。

こうして、わたしたちの沖縄陸軍病院南風原壕群にたいする一九九四年から二〇〇六年までの一三年間にわたる調査がはじまったのである。本書では、調査であきらかとなった病院壕の実態を、沖縄・南風原の文化と歴史、沖縄戦の経過とあわせてみていきたいと思う。

## 2　海のない町、南風原

日本の九州島から中華民国台湾島までのあいだ、約一二〇〇キロの海洋中に連なるおよそ二〇〇あまりの島々を琉球列島とよぶ。九州島に近い約四〇島は鹿児島県、列島のほぼ中央に位置する沖縄島《おきなわじま》から台湾までのあいだの約一六〇島が沖縄県に属する（図４）。

沖縄県下の島々は亜熱帯気候帯に属し、島の周囲にはサンゴ礁が発達する。この亜熱帯気候とサンゴ礁の存在が日本本土の人びとの思い描く沖縄のイメージのもとになり、沖縄といえば降りそそぐ太陽の光の下に広がる白砂のビーチ、マリンブルーの海に色とりどりの熱帯魚、マンゴーやパイナップルなどの熱帯果物を思い浮かべさせる。

**図 4 ● 琉球列島（南西諸島）**
沖縄島は九州と台湾のちょうど中間にある。これとほぼ同じ距離に上海が位置する。
東シナ海を航行する際の中継点であることは、いまもむかしも変わらない。

**図５● 沖縄島中・南部と南風原町**
沖縄県の人口は約145万人（2019年６月推計）で、このなかの約120万人（約84％）が沖縄島（沖縄本島）中・南部に住んでいる。

その沖縄県内に、まったく海に面していない地方行政体が一つだけ存在する。平成の市町村合併が進む前までは三つあったが、現在は唯一となった町、それが南風原町である（図5）。沖縄の県庁所在地である那覇市の南となりにあり、東は西原《にしはら》町と与那原《よなばる》町、南は南城《なんじょう》市と八重瀬《やえせ》町、西は豊見城《とみぐすく》市にかこまれている。かつて琉球国の王城がおかれた首里《しゅり》城や多くの観光客が訪れる那覇国際通りの街並みからさほど遠くない距離にありながら、純農村としての歩みをつづけてきた町である。

この沖縄のなかではめずらしく内陸部にあり、しかも那覇市街地からさほど遠くないという地理的環境はアジア太平洋戦争末期に沖縄へ派遣された第三二軍（沖縄守備隊）の目にとまり、さまざまな軍関連施設が設置される要因となった。設けられた軍関連施設の一つが沖縄陸軍病院南風原壕群である。沖縄陸軍病院は旧南風原国民学校校舎を接収した第三二軍直属の病院部隊であり、接収した旧国民学校周辺の丘陵に戦闘の際に使用する壕群を掘削した。これらの壕群では一九四五年三月末から五月中旬にかけて、沖縄戦で負傷した将兵にたいする治療活動がおこなわれたことで知られ、沖縄では通称、南風原陸軍病院壕群とよばれていた。

## 3 沖縄の文化と歴史

### 琉球列島の地域区分

沖縄陸軍病院南風原壕群についてのべるまえに、まずは沖縄の地理的位置づけと歴史についいて簡単にまとめておこう。

琉球列島は九州島から台湾島までのあいだにつらなる島々のならびであることは前述したが、沖縄県の行政区域には、この琉球列島のならびから東に離れた大東《だいとう》諸島と、中国大陸とのあいだにあって領有権をめぐる問題が起こっている尖閣《せんかく》諸島が含まれる。両諸島を含んだ島嶼全体を日本では南西諸島とよんでいる。

そのことはひとまずおき、琉球列島についてのこれまでの研究では、気候や動植物の分布相あるいは歴史的文化的相違をふまえ、北・中・南に三分する考え方と南北に二分する考え方が提示されている。

三分案では、九州島に近い種子島・屋久島を中心とする大隅諸島を北部圏、奄美大島から与論島までを含む奄美諸島から沖縄島を中心とする沖縄諸島までを中部圏、宮古島とその周辺の島々からなる宮古諸島から石垣島・西表島などを含む八重山諸島までを南部圏とする。これにたいして二分案では、三分案で北部圏と中部圏の二つに分けた大隅諸島から沖縄諸島までの島々を北琉球として一括し、宮古諸島から八重山諸島までを南琉球とする。

二分案は縄文文化を含めた日本の影響がなんらかのかたちでおよびつづける北琉球と、まったくおよぶことのない南琉球の文化内容を説明する際に有効である。一方、三分案では、弥生文化以降、基本的には九州島の影響下に含まれる大隅諸島（北部圏）と、九州島をとおして日本文化との関係をもちながらも独自の展開をとげる奄美諸島から沖縄諸島までの島々（中部圏）の歴史や文化の内容を説明するのに有効である。

三分案で北部圏とした大隅諸島は、基本的に日本史の枠組みに入れて考えることができる。これにたいして中部圏は縄文文化の分布地域には含まれるが、日本に弥生文化が成立した段階に入ってもひきつづき狩猟・漁労・採集経済に依存する文化を維持した（図6）。

この文化について沖縄の考古学的研究では「沖縄貝塚後期文化」とよんでいる。沖縄貝塚後期文化は弥生文化をはじめとする日本文化の影響を散発的に受けるものの、日本文化のなかに含みこまれることはなく、一〇世紀ごろまでつづく。しかし、一一世紀に入ると中部圏全域に農耕が普及しはじめ、これを基盤としてしだいに社会の変化が起こる。この転換には古代末〜中世の日本から人の移動を含む強い影響があったと考えられる。

その後、一四世紀後半に中国大陸で明王朝が成立すると、中部圏のなかの沖縄島に明王朝の冊封《さくほう》を受ける複数の政治勢力が出現し、一五世紀前半にはその一つであった琉球中山王《ちゅうざんおう》が沖縄島を中心とした沖縄諸島の覇権を掌握する。琉球中山王は同じ中部圏の奄美諸島や南部圏の宮古・八重山諸島にたいしてしだいに圧力を加えていき、一六世紀初頭には大隅諸島（北部圏）を除く琉球列島の島々を支配する琉球国へと発展した。

一方、南部圏では一一世紀にいたるまで中部圏や北部圏とはまったく関係のない狩猟・漁労・採集に依存する独自の断続的文化があった。この段階の南部圏と北・中部圏とのあいだでは安定的交流の痕跡がまったく確認できない。

しかし、中部圏に農耕が普及しはじめる一一世紀に入ると、その影響が南部圏にもおよび、しだいに農耕が定着していった。そして、一六世紀初頭に入って、沖縄島を統合した琉球中山王による軍事的制圧を受け、南部圏も琉球国の版図に組み込まれることになる。

　琉球国は明王朝との冊封関係を利用してアジア地域との交易を盛んにおこない、その影響を受け入れながら貿易国家として栄えた。しかし一六〇九年には、一六〇〇年に起こった関ヶ原の戦いで日本の支配権を掌握した徳川幕府の認可を受けた島津氏による武力侵攻を受けて降伏する。

　琉球国制圧後、島津氏は琉球国の支配下にあった中部圏北半の奄美諸島を直轄領地として裂きとり、沖縄諸島以西の中部圏と南部圏の島々を琉球国の版図として残した。ただし、中国と琉球国との冊封関係については明王朝とその後を継いだ

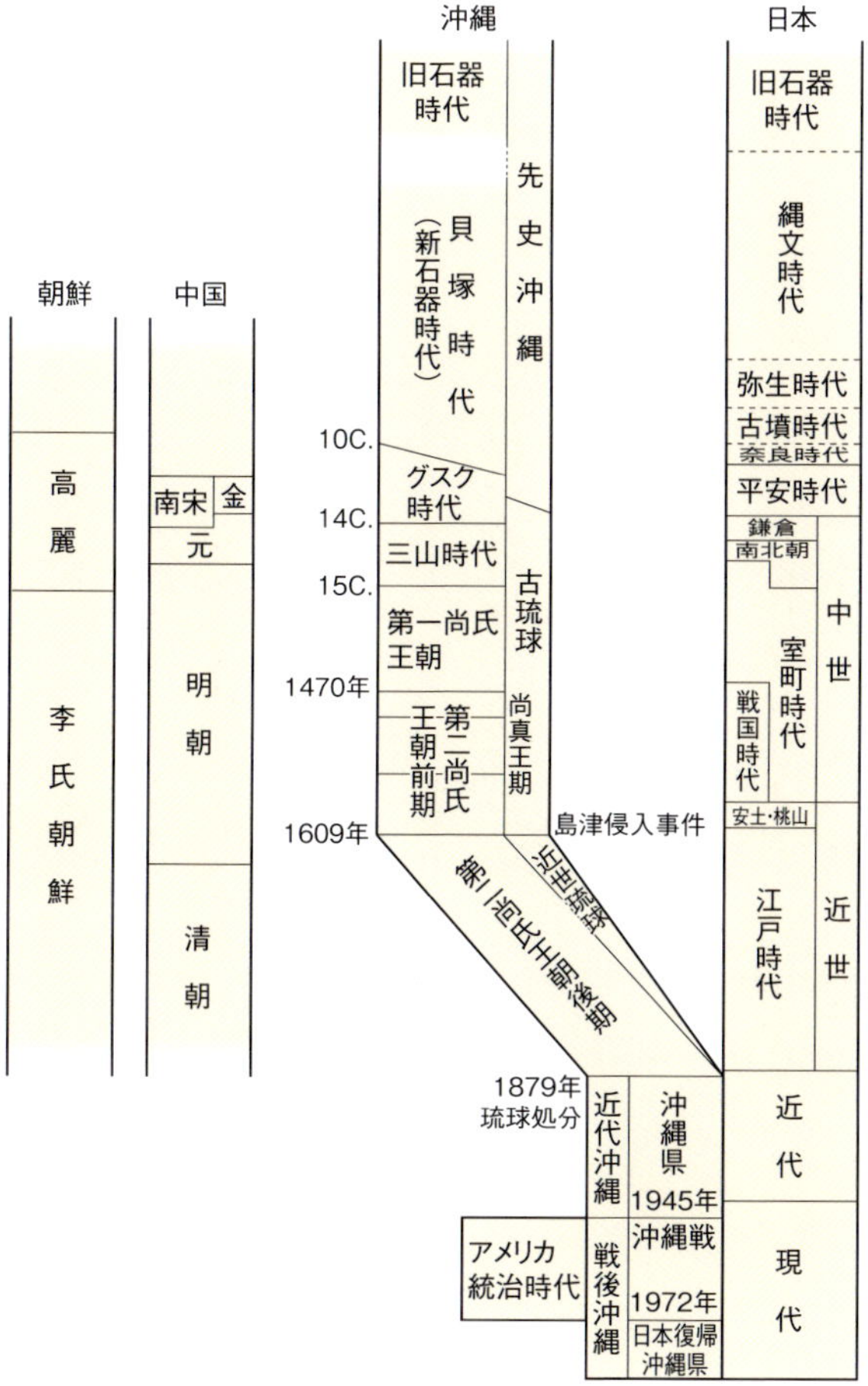


**図６ ● 琉球列島の時代区分**
琉球列島は日本本土と異なる歴史を歩んでおり、この地域性にもとづく琉球・沖縄史研究がさかんである。

清王朝とのあいだでも断絶することはなく、一九世紀にいたるまで存続することを許した。したがって、島津氏征服後の琉球国は、島津氏をとおして実質的には日本の幕藩体制に組み込まれたものの、明・清王朝への冊封関係については従前どおり独立国家としての体裁をとって維持したのである。この両属関係は徳川幕府が滅びるまでつづく。

これにたいして、明治維新後の日本政府は一八七九年（明治一二）に琉球国を廃して沖縄県を設置し、琉球国を強制的に日本国家へ編入した。明治政府による併呑にたいして琉球国内では数々の抵抗運動が起こるが、一八九五年（明治二八）に日本が日清戦争に勝利すると抵抗運動は終息にむかい、沖縄県としての本格的な日本化が進行することになる。

しかし、日本のアジア進出の結果として起こったアジア太平洋戦争の末期には、日本本土防衛戦の前哨戦と位置づけられた沖縄島を中心とする地上戦（沖縄戦）があり、多大な被害が生じた。さらに沖縄戦後の琉球列島は北部圏の大隅諸島を除いて日本の行政下から切り離され、二七年間にわたる米軍支配を経験した。

かつて独立した国家であった琉球国の存在と沖縄戦および米軍支配の歴史的経験は、琉球列島と日本との関係を問わざるをえない沖縄の人びとの心情を醸成するとともに、島津氏侵攻以前の琉球国への憧憬を含む強い関心が生まれ、琉球・沖縄の歴史や文化についての研究が盛んにおこなわれる土台を生みだしている。

# 第2章　沖縄戦と沖縄陸軍病院

## 1　沖縄陸軍病院の設置

### 第三二軍（沖縄守備軍）の創設

アジア太平洋戦争がはじまる直前まで、沖縄県内には日本軍の軍事施設らしいものはほとんどなかった。一九〇七年（明治四〇）に沖縄警備司令部が設置され、これが一九一八年（大正七）五月に第六師団管轄下の沖縄連隊区司令部となったが、その実態は「沖縄県には軍馬（司令官乗馬）一頭」（防衛庁防衛研修所戦史室『戦史叢書　沖縄方面陸軍作戦』）といわれる程度であり、名目的に存在したにすぎなかった。

南西諸島全域に目を転じても、本格的な軍事施設としては、一九二三年（大正一二）に大島海峡をはさむ奄美大島と対岸の加計呂麻《かけろま》島に奄美大島要塞が設置されたのが唯一の存在であった。奄美大島要塞は日本海軍の活動拠点であり、他国の海軍、とくに潜水艦や航空機が日本領海近くで活動する根拠地を与えない役割を担っていた。

一九二二年（大正一一）には、有事に際しては沖縄島の中城《なかぐすく》湾、宮古島の狩俣《かりまた》、西表島の船浮《ふなうき》に臨時要塞を建築するという計画が立てられた。この計画にもとづき、日本が米英両国に宣戦布告する直前の一九四一年（昭和一六）八月から一〇月にかけて、中城湾および船浮に臨時要塞が建設され、それぞれ要塞司令部、要塞重砲兵連隊（複数の砲兵大隊によって編制）、陸軍病院などが配備された。

その後、アジア太平洋戦争の戦局の推移は、南西諸島における軍備をさらに強固なものとする必要性を否応なく高めていった。一九四四年（昭和一九）三月二二日、南西諸島の防衛強化を目的として、沖縄島に司令部をおく第三二軍が創設された。第三二軍の作戦地域はトカラ列島から宮古・八重山諸島（あわせて先島）までで、そのおもな役割は作戦地域内における航空基地の設営と敵の奇襲上陸にたいして日本軍航空基地および主要港湾を防衛することにあった。

創設当初の第三二軍に予定された兵力は、混成旅団二（沖縄島一、先島一）、混成連隊（徳之島）である。混成旅団とは複数の歩兵大隊と砲兵隊、工兵隊、通信隊などで構成された約五〇〇〇人単位の部隊、混成連隊は複数の歩兵中隊と砲兵隊、工兵隊、通信隊などで構成された約二〇〇〇人単位の部隊となる。

第三二軍はすでに設置されていた奄美大島要塞および中城湾臨時要塞、船浮臨時要塞の配置部隊に加えて、新たに編制された飛行場設営および航空防衛のための部隊を指揮下に組み入れ、南西諸島での配備についた。

第三二軍の創設と並行して、日本海軍も南西諸島の防衛強化を目的として、一九四四年四月一〇日に佐世保鎮守府指揮下に沖縄方面根拠地隊と第四海上護衛隊を編成した。沖縄方面根拠地隊の司令部がおかれた沖縄島（那覇市小禄《おろく》）では、米軍の上陸を阻止するため、機雷や海岸砲台、陸上からの魚雷発射施設、特攻艇や機雷艇、小型潜水艦などの配備とこれにともなう海軍による基地建設も進められた。

また、日本海軍と陸軍のあいだでは「南西諸島作戦に関する協力協定」が締結され、海軍が設営管理していた石垣島白保《しらほ》、沖縄島小禄（現・那覇空港）、喜界島湾、南大東島の飛行場に加えて、徳之島、伊江《いえ》島、宮古島および沖縄島での飛行場建設が開始された。新たな飛行場建設が計画された島々では、近隣の各町村から多くの民間人が強制的に割り当てられて雇用され、学生や婦人会による勤労奉仕も励行された。

## 南風原に第三二軍司令部の地下壕群構築計画

一九四四年三月に創設された第三二軍では、四月以降になって、編制された部隊が日本軍支配地域から移動し、沖縄での配備についた。なかでも第三二軍の主力がおかれた沖縄島では那覇市内のさまざまな施設が接収され、第三二軍施設へ転用された。

当時農村であった南風原では施設の接収は少なかったものの、海からみえない内陸に位置することが注目されて、実際の戦闘がはじまった際に第三二軍司令部が入ることを予定した地下壕群とその関連施設の構築がはじめられた（**図7**）。現在の字津嘉山《つかざん》にある高津嘉山とよば

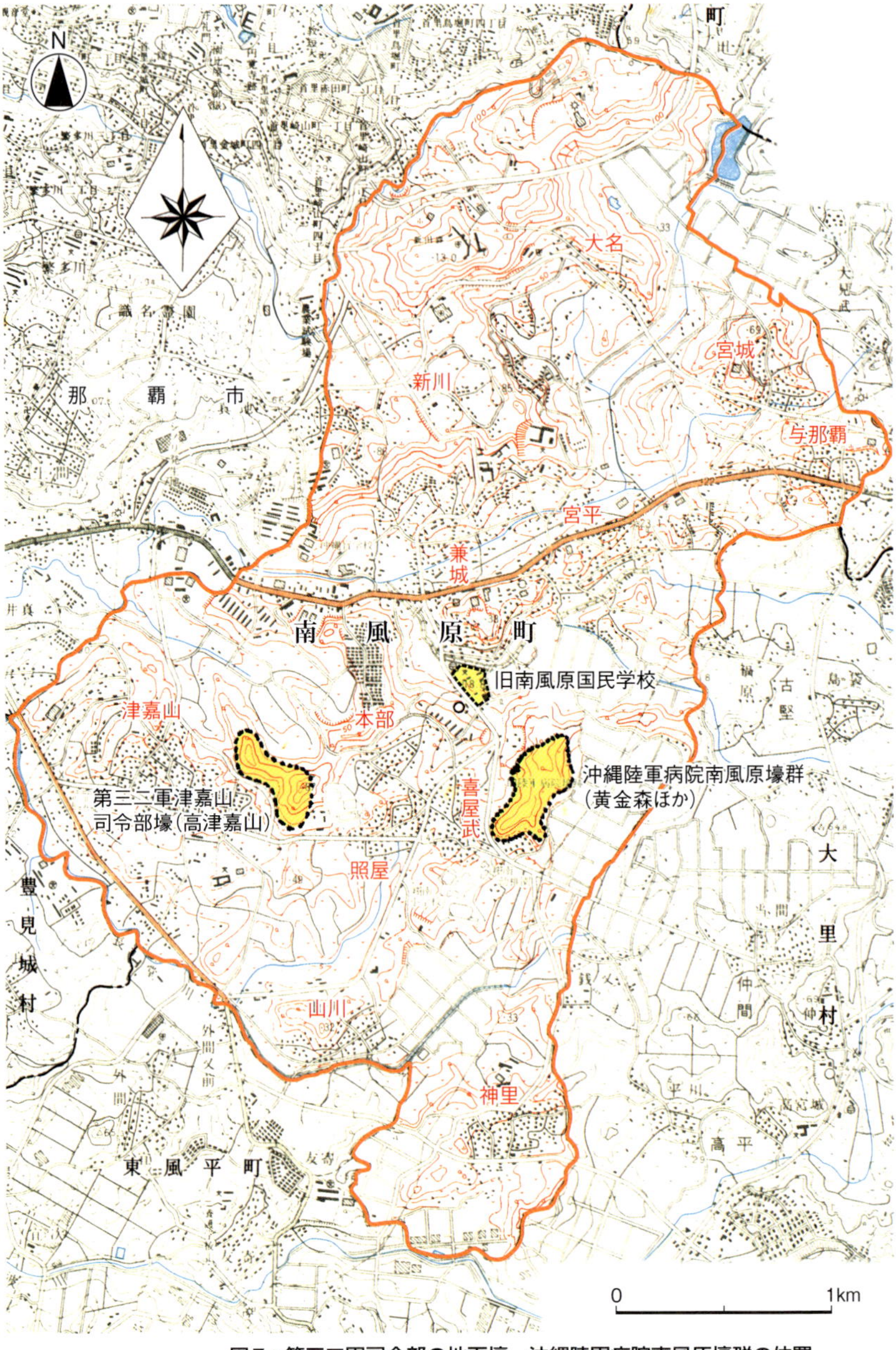


**図7 ● 第三二軍司令部の地下壕、沖縄陸軍病院南風原壕群の位置**
第三二軍は沖縄島内陸部の南風原に司令部壕だけでなく、周辺にも多くの壕をつくって米軍との戦闘に備えた。

れる丘陵一帯がその場所である。この司令部壕群を中心として、南風原には弾薬貯蔵所などの軍施設が多く配置されていった（図8）。

## 沖縄陸軍病院の設置

第三二軍の配備にともなって、一九四四年五月に、将兵の傷病に対処するための病院部隊が九州の熊本で編制された。これが沖縄陸軍病院（部隊名は球一八八〇三）である。

沖縄へ配備された沖縄陸軍病院部隊は、将校・下士官・兵員の現地召集と看護婦・雑役婦の雇用、および那覇市内関係施設の接収をおこなった。病院の構

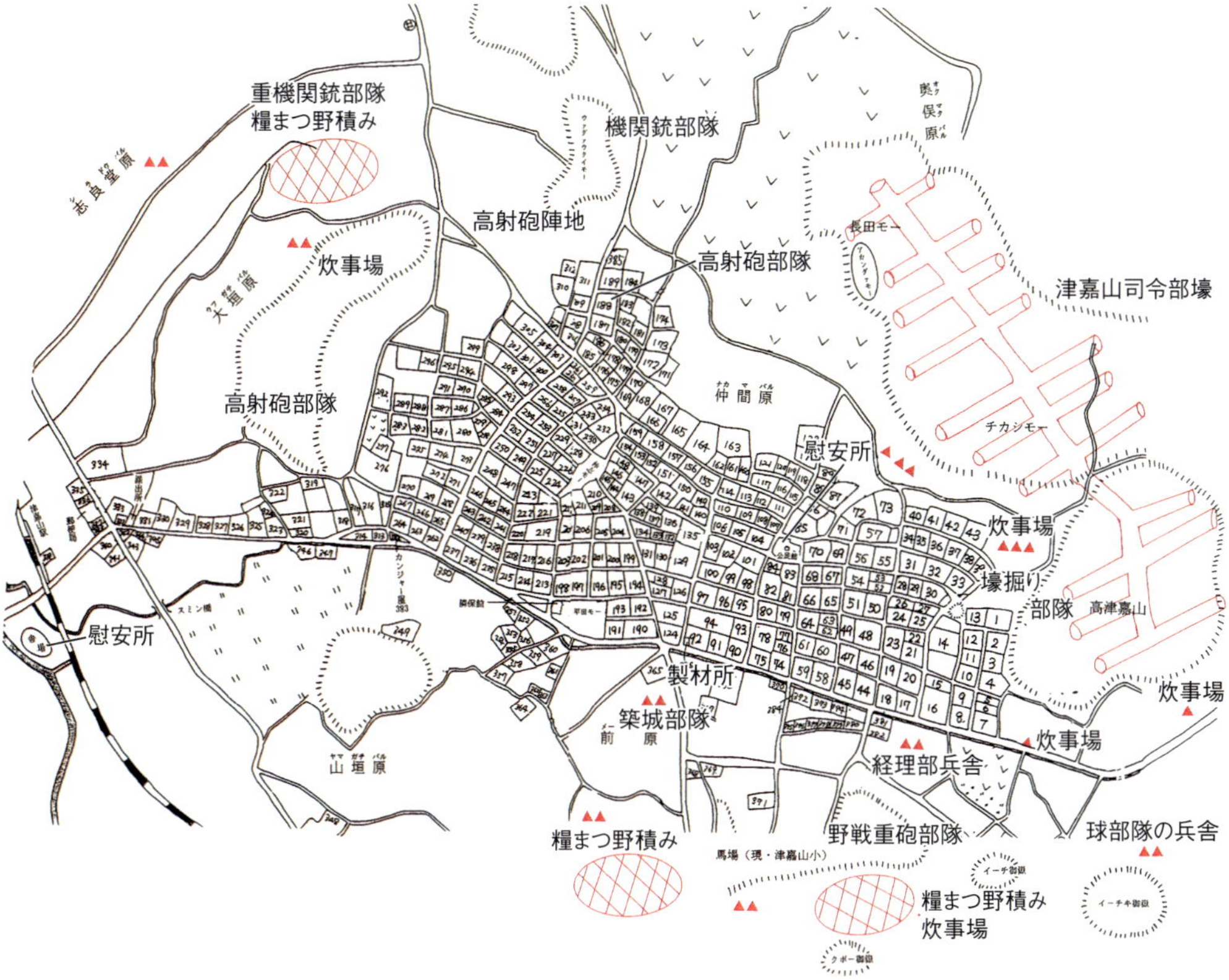


**図8● 第三二軍津嘉山司令部壕と周辺の軍施設**
字津嘉山集落の周辺には、多くの第三二軍関係部隊が配置されていた。

成は、病院本部と外科・内科・伝染病科の三診療科体制で、病院本部には庶務科、経理科、衛生材料科、教育科がおかれ、病院本部および内科・伝染病科は那覇市内の開南《かいなん》中学校、外科は済生会病院、兵舎は県立第一中学校校舎を接収した。

病院には病院長広池文吉軍医中佐をはじめとする軍医約一〇〇名、衛生兵約一〇〇名、看護婦約一〇〇名、雑役婦約四五名などを含め、総数三五〇余名の人員がいたという。しかし、病院の人員構成の詳細についてはよくわからない部分も多い。

## 2 那覇空襲と南風原移転

### 近づく沖縄攻撃

第三二軍が戦闘準備を進めるなか、一九四四年六月にはマリアナ諸島のサイパン島が陥落し、連合国軍の南西諸島への侵攻は現実的な問題となった。このため第三二軍の拡充がおこなわれ、師団四（一師団は二旅団からなり約一万人単位で構成）、混成旅団五の規模に増強されて、沖縄島に第九・二四・六二師団、宮古島に第二八師団および独立混成第五九・六〇旅団、石垣島に独立混成第四五旅団、奄美大島・徳之島に独立混成第六四旅団が配備されることとなった。

しかし、このころから現地に配備された第三二軍と戦争指導部である大本営とのあいだでは戦備にたいする意見の相違が生じた。大本営では沖縄を航空基地化したうえでの航空作戦を絶対重点とする方針を策定していたが、現地軍である第三二軍ではこれに疑念を抱き、連合国軍の上陸を想定した地上戦備を重視する姿勢をみせていた。

九月ごろ、増強部隊の配備を終えた第三二軍は、連合国軍の南西諸島への来襲を翌一九四五年春以降と予期し、日本軍が主力を配備した沖縄島へ上陸するとすれば、第一案・大山《おおやま》（現・宜野湾市大山）から那覇、第二案・那覇から糸満《いとまん》、第三案・沖縄北飛行場の西方および北方（現・読谷《よみたん》村から嘉手納《かでな》町）、と想定した。

そのうえで上陸に際しては、周辺離島のなかの伊江島を最初に攻略して沖縄攻撃の足がかりにすることを予測し、この地域を中心とした防衛陣地の設置と防衛計画の策定を進めた。また、連合国軍は上陸に際して五～一〇師団程度の戦力を用いるものと考え、連合国軍の戦備が整わない上陸直後の段階で防衛陣地からの地上攻撃に加えて、航空および海上からの一斉攻撃をおこなう作戦を立案した。

**図9● 廃墟と化した那覇市街**
沖縄戦終結後の那覇市街はほとんどの家屋が焼失し、灰燼に帰していた。
右上に御物城、中央上に奥武山、中央上から左にかけて漫湖がみえる。

## 那覇大空襲と軍事基地化する南風原

その矢先の一〇月一〇日、南西諸島の島々は、米軍高速空母第五八機動部隊艦載機による集中的な空襲を受けた（十・十空襲）。なかでも沖縄島は早朝から午後にかけて五次にわたる空襲を受け、飛行場や港湾施設に多大な被害をこうむった。そして、この空襲によって那覇市街地の大半が焼失した（図9）。

南西諸島をおそった米軍高速空母第五八機動部隊は、その後も日本軍の戦力低下をねらって艦載機による先島（宮古・八重山諸島）や台湾の空襲をつづけた。空襲に際して米軍は上空からの写真を撮影し、これをもとに南西諸島の地図を作成したうえで沖縄進攻作戦（米軍名アイスバーグ作戦）の策定を進めた。こうした米軍の空襲にたいして、日本陸・海軍は双方の航空部隊を動員した反撃をおこなった（台湾沖航空戦）。

米軍の空襲の破壊力を目のあたりにした第三二軍は、地元の沖縄方言で「クチャ」（泥岩）や「ニービ」（微粒砂岩）とよんでいる軟質堆積岩帯に掘削した高津嘉山司令部壕群には実際の戦闘に耐えられるだけの強度がないと判断した。そして、急遽、硬質の琉球石灰岩岩盤の上に建てられた首里城の地下に新たな壕群を掘削し、ここに戦闘の際の第三二軍司令部を移すことにした。

その一方で南風原は十・十空襲の被害をほとんど受けなかったこともあり、首里城地下への移転を進めた司令部以外の施設が那覇市内の接収施設を失って移動してきた。このため南風原では、日本軍による新たな接収がおこなわれ、住民と軍隊との共生が日常化していった。このことは翌一九四五年三月末からはじまった沖縄戦の際に、第三二軍司令部が沖縄島南端摩文仁《まぶに》へ撤退するまで、南風原住民の多くが日本軍の存在を頼りとして集落内にとどまり、逃げ場を失って、住民のほぼ半数が犠牲となるという戦禍を生じる要因となった。

## 沖縄陸軍病院の南風原国民学校移転

さて沖縄陸軍病院では、一九四四年一〇月に入ると、接収した那覇市内各施設における病院活動が

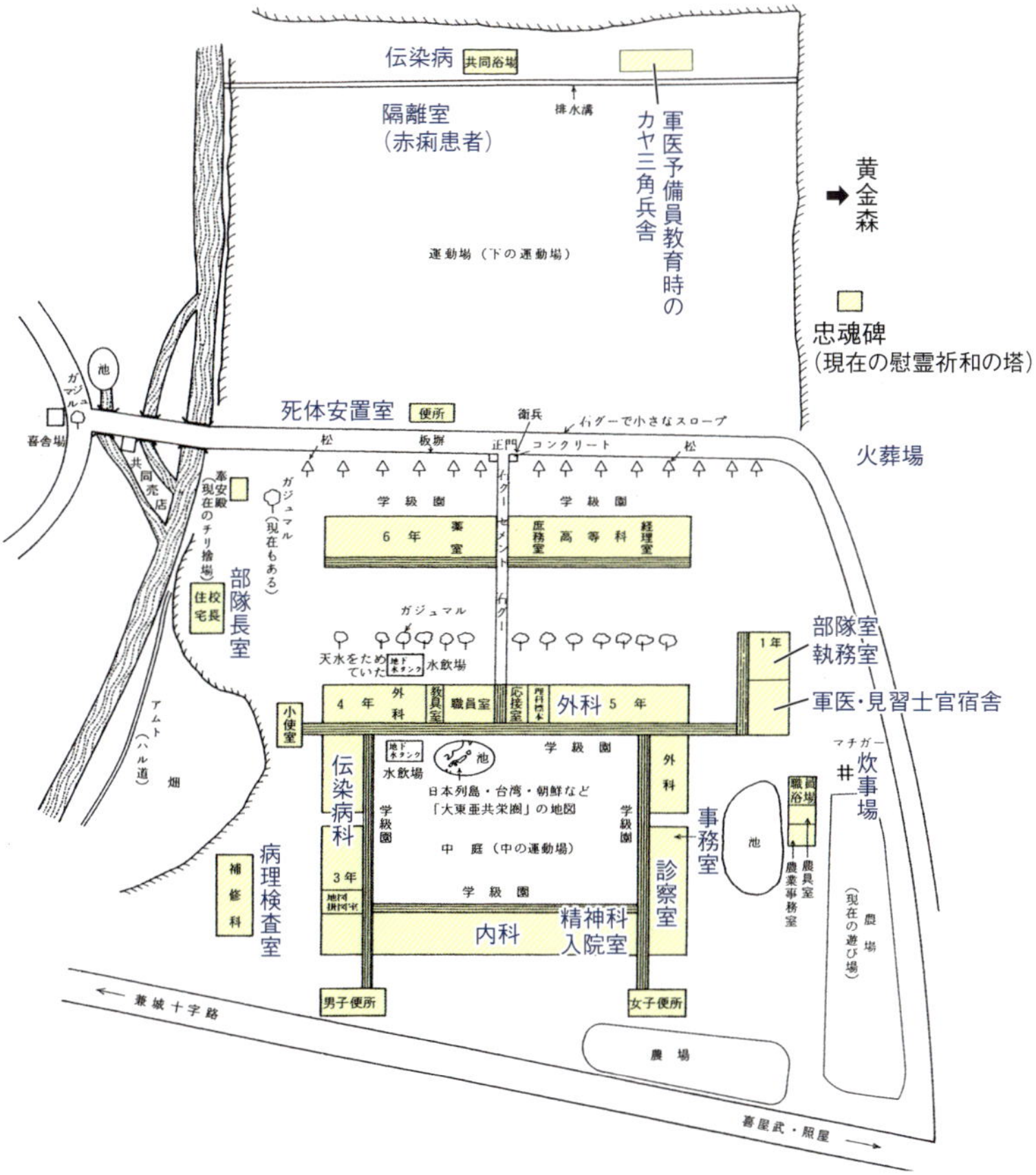


図10 ● 南風原国民学校接収時の沖縄陸軍病院の配置
おおよそ上が東、下が西で、学校の右手（南側）に地下壕をつくった黄金森がひろがっている（図21参照）。

軌道にのりはじめていた。そこで、第三二軍司令部壕の掘削が進められていた南風原に分院を設置するべく、津嘉山集落のとなりの兼城《かねぐすく》集落にあった旧南風原国民学校を接収した。

その直後の一〇月一〇日に先にみた那覇大空襲があり、那覇市内で接収していた病院施設のほとんどが焼失したため、沖縄陸軍病院全体が分院を設置するために接収していた旧南風原国民学校へ緊急移転した（図10）。これ以降の沖縄陸軍病院を通称では南風原陸軍病院とよんでいる。

旧南風原国民学校移転後の沖縄陸軍病院では、国民学校裏手の黄金森丘陵を中心として、米軍の空襲や侵攻に備えた横穴壕群の掘削を開始した。壕の掘削は病院の構成にもとづいて配置計画がつくられ、陣地の構築を専門とする第三二軍築城隊の指導のもとに、旧沖縄工業学校生徒や旧南風原国民学校高等科生徒、さらに南風原近隣町村の住民を徴用してすべて人力でおこなわれていくことになる。

## 3　沖縄地上戦と南風原壕群の惨禍

### 弱体化する第三二軍

十・十空襲からまもない一九四四年一〇月二〇日、米軍はフィリピン諸島レイテ島への上陸作戦を開始した。これにたいして大本営は航空部隊による一連の攻撃（台湾沖航空戦）が太平洋地区で活動する米軍空母機動部隊にかなりの損害を与えたものと評価し、これにつづくレイテ島での攻防は米軍との戦闘の決戦になると判断した。このため、レイテ島にできるかぎりの戦力動員をはかることとし、近隣の台湾や中国大陸などに展開中の戦力を緊急に投入した。

その余波は第三二軍にもおよび、台湾からフィリピンへ投入された戦力の穴埋めとして、沖縄島に配備されていた第九師団が一九四四年暮れから年明けにかけて台湾へ転用された。

この転用により第三二軍の戦力は大きく低下し、沖縄島における戦力配置や防衛作戦の変更を余儀なくされた。そこで第三二軍では、転用された第九師団の戦力をおぎなうため、沖縄島住民のなかから満一七歳以上四五歳未満の男子の多くを防衛隊員として臨時召集した。

しかし、レイテ島での戦闘は有利に展開せず、むしろ一九四四年末にはレイテ島での戦闘のために戦力が引き抜かれた台湾や南西諸島の防衛強化が必要な事態となった。これを受け、一九四五年一月には、第九師団の補充として、日本本土から第八四師団を沖縄島へ派遣することが決定された。しかし、これについてはすでに日本近海での制海権を失った状況で兵員を海上輸送することの危険性や、本土兵力の削減となることへの憂慮から中止となった。

第三二軍では増援の決定にいったんは喜んだものの、その中止に大きく落胆した。第九師団の台湾転用後、第三二軍首脳部は大本営が策定した沖縄島中部の北および中飛行場（読谷および嘉手納飛行場）の防衛を含めた当初の航空作戦計画は遂行できないと判断していたが、補充戦力派遣中止はこれを決定的なものにした。しかし、これにたいして大本営ではあくまでも飛行場の維持・防御を絶対的なものと考え、第三二軍との戦略の調整を進めるあいだに三月下旬の米軍の沖縄島来襲となるのである。

## 連合国軍の沖縄上陸

連合国軍による沖縄作戦の中心となったのは米軍中部太平洋機動部隊下に編成された第一〇軍（遠征第五八機動部隊）で、総兵力は五四万七〇〇〇人余にのぼる。

米軍の上陸作戦は、第三二軍の予測と異なり、沖縄島の西方約五〇キロに位置する慶良間《けらま》諸島の制圧から開始された（一九四五年三月二六日）。伊江島への上陸を想定していた日本軍は慶良間諸島に海上特攻艇基地を設置し、米軍艦船に対する奇襲攻撃を計画していたが、これが頓挫するとともに、米軍上陸の混乱のなかで多くの一般住民の集団自決（集団強制死）が起こった。

慶良間諸島制圧と並行して沖縄島への数日間にわたる艦砲射撃を加えた米軍は、四月一日に沖縄島読谷村渡具知《とぐち》浜への上陸を開始した。これにたいして第三二軍では本格的な反撃を試みず、米軍の上陸を看過した。

第三二軍は米軍の圧倒的な艦砲射撃と艦載機による空襲をともなう上陸作戦にたいしては、阻止攻撃をおこなうよりもこれを容認し、米軍艦船が人員や物資の揚陸のため沖縄島上陸地点近海に密集している機会にできるかぎりの航空・海上戦力による攻撃を加えてその戦力を削減したうえで、上陸部隊にたいしては地下陣地を利用した至近戦によって持久戦を挑み、機をねらって反攻に出るという戦略をとった。

これに呼応して日本陸・海軍は、台湾や九州からの飛行機による特攻を主とした攻撃や沖縄島各地に秘匿した海上特攻艇による攻撃をおこなった。これらの攻撃は米軍の艦船に多大な損害をあたえたが、米軍の沖縄上陸作戦を大きく遅滞させるには至らなかった。

そして、米軍側の防備体制が整えられるとともに、日本軍の特攻攻撃が成功する確立はほとんどなくなった。また、大本営の督促を受けた第三二軍でも機をみて地上戦での反攻を試みたが失敗に終わり、逆に制空・制海権を掌握し、圧倒的な戦力を保持する米軍の攻勢に押される展開となっていった。

## 劣悪な壕内での医療活動

南風原では、一九四五年二月中旬以降、上陸作戦を目前にした米軍の空襲が本格化し、三月下旬からは沖縄近海に集結した米海軍艦船からの艦砲爆撃も激化するなかで、病院壕の建設がつづけられるとともに、増えつづける負傷兵の収容・治療がおこなわれた。

三月二四日には旧沖縄師範学校女子部と県立

**図11 ● 沖縄島に上陸する米軍**
沖縄島西海岸には珊瑚礁が発達していることから、米軍は礁嶺の外側に大型船を停泊させ、艀（はしけ）で人員や物資を陸揚げした。

第一高等女学校生徒および引率教師、約二四〇名あまりが看護補助を主目的として沖縄陸軍病院に動員された。彼女たちは後に「ひめゆり学徒隊」とよばれる。数日後の二八日には陸軍病院の各科・各病棟が未完成のものを含む壕内へ移動した。

そして米軍が沖縄島中部へ上陸した四月一日以降になると、激増する負傷者に対応するため、本来の外科は第一外科、内科・伝染病科はそれぞれ第二・第三外科へと転科された。これにともなって第一外科の外科医が第二・第三外科へ派遣されている。さらに戦闘の進行にともなって、糸数《いとかず》分室（南城市アブチラガマ）、与儀《よぎ》分室

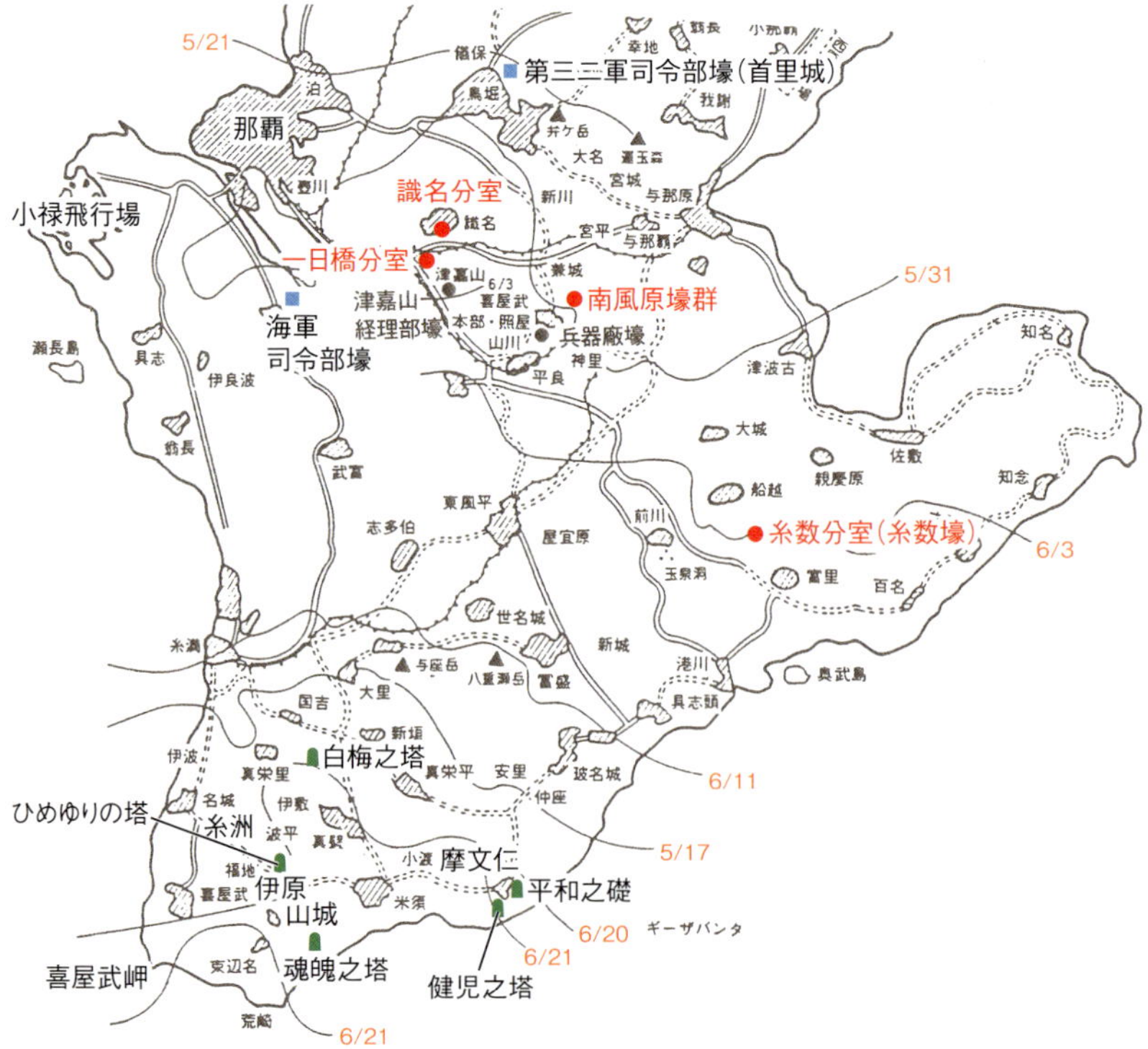


**図12 ● 沖縄陸軍病院の分室配置と沖縄戦の推移**
沖縄陸軍病院では米軍上陸前後の戦闘激化にともない、各地に分院を設置し、要員を派遣した。

（現・沖縄県知事公舎の場所）、楚辺《そべ》分室、一日橋《いちにちばし》分室、識名《しきな》分室、名護《なご》分室が設けられている（以上、那覇市内）、嘉手納分室、名護分室が設けられているが、それぞれの分室での活動状況については糸数分室を除いてよくわかっていない（図12）。

以後、首里城地下に掘削された壕を拠点とした第三二軍司令部が首里を放棄して（図13）沖縄島南部の摩文仁へ撤退するのにともなって、沖縄陸軍病院部隊への転進命令が出される五月下旬までの約二カ月間、劣悪な状況のなかで壕群内での医療活動がつづけられることになるのである。

## 第三二軍の壊滅

四月下旬に、上陸を想定した陣地の構築がおこなわれていた伊江島や沖縄島北半部での組織的戦闘が終結し、米軍は沖縄島南半部に配置された第三二軍主力陣地の攻略に専念し

**図13 ● 放棄された首里城下の司令部壕**
首里城の地下に設けられた第三二軍司令部壕は、日本軍が南部へ撤退する際に主要部分を爆破したため、現在は内部に入ることができない。

た。

第三二軍の防衛線はしだいにせばめられ、五月下旬には司令部壕が構築されていた首里地区へと米軍がせまった。五月二一日、第三二軍首脳部は最後の戦闘態勢について協議をおこなった。この際、①首里地区で徹底持久戦を継続、②知念《ちねん》半島に後退、③喜屋《きゃん》武半島へ撤退の三案が検討され、司令官によって喜屋武半島への撤退案が決定された。

五月末、喜屋武半島摩文仁の自然洞窟を利用した壕に司令部を移した第三二軍は沖縄島南部に防衛線を設置し、最後の抵抗戦を試みた。しかし、この段階の第三二軍の戦力は極端に低下し、かろうじて指揮組織を保持していたものの約三万名あまりに激減していたとされる残存兵員数の把握もままならない状態であった。

六月九日、日本陸軍航空軍は沖縄への主作戦を打ち切り、本土決戦への対応に重点を移した。このような戦況のなか、六月一〇日と一四日に米軍第一〇軍（沖縄上陸作戦部隊）司令官は第三二軍司令官にたいして降服勧告をおこなったが、第三二軍は黙殺した。一四日には海軍沖縄方面根拠地隊が玉砕し、つづいて六月二三日、第三二軍司令官が自決して日本軍の組織的戦闘は終了した。

しかし、第三二軍司令官から残余の将兵に最後まで持久戦をつづけることが命令されたため、これにしたがって戦闘をつづけた日本兵にたいする米軍の掃討戦は七月以降までつづいた。この間、沖縄島南部では追い詰められた日本兵と日本軍の動きに追従して避難した一般住民が逃げまどい、その混乱のなかで多くの犠牲者が生じることとなった。

## 沖縄陸軍病院部隊の転進と解散

南部への転進命令を受けた沖縄陸軍病院部隊は、五月二〇日に病院本部、二四日から二五日にかけて各診療科の関係者とひめゆり学徒隊、歩くことのできる患者が、沖縄島南部に散在する自然洞窟に撤退した。このとき歩くことのできなかった患者は自殺を強要されたり、薬殺されたりしたという。

撤退後の沖縄陸軍病院部隊は、病院本部が字山《やま》城《ぐすく》の自然洞窟を利用した壕に入り、字伊原《いはら》の二つの自然洞窟に第一外科と第三外科、字糸洲《いとす》の自然洞窟を利用した壕に第二外科の関係者がそれぞれ分散して入った。南部撤退後の沖縄陸軍病院部隊はほとんど医療行為をおこなえる状況ではなくなっており、六月一八日には山城の本部壕入り口近くに落ちた直撃弾で広池文吉病院長が戦死した。翌一九日に沖縄陸軍病院部隊に解散命令が出され、ひめゆり学徒隊を含む病院関係者は壕を出て、沖縄島北部への脱出を試みるなかで多くの犠牲者を出したのである。

図14 ● **自然壕を攻撃する米軍戦車**
米軍は日本本土への侵攻に備えたさまざまな武器を沖縄戦で試用した。

# 第3章　壕群の荒廃と保存

## 1　埋もれていく南風原壕群

### 沖縄戦の終結と住民の帰還

沖縄戦がつづいているあいだ、米軍は保護下に入った住民や降伏した日本兵をそれぞれ別の収容所に隔離して収容しながら（図15）、日本軍との戦闘を進めた。日本軍の組織的戦闘がほぼ終了したのは第三二軍司令官が自決した六月二三日ごろであるが、米軍はその後も残存日本兵の掃討戦を継続した。米軍が沖縄作戦終了を宣言したのは一九四五年七月四日であり、アメリカ独立記念日であった。

沖縄戦終結宣言後も住民の地元への帰還はしばらく許されず、ようやく一〇月から翌年にかけて収容所からもとの居住地へ戻ることが許された。しかし、沖縄戦中に米軍が接収した旧日本軍飛行場や軍港などの施設と新たな米軍施設がつくられた場所への帰還は許されなかった。

これらのなかには現在もそのまま米軍基地として使用されつづけている普天間《ふてんま》飛行場などの施設がある。

南風原の場合には、米軍が設置した施設はほとんどなかったが、各集落内の家屋はほとんど焼失し、農地や山林も砲撃の弾痕だらけとなっており、戦前の姿とはくらべようのないほどに破壊されつくした状態であった。

## 埋もれていく壕

収容所から戻った人びとは急場しのぎの家屋をつくり、戦闘でなくなった人びとの遺骨や爆弾の破片などを片づけながら集落を復興させていった。その際に、建築資材を求めて南風原壕群を含む日本軍が設けた陣地壕のなかに入り、壕の構築に使われていた焼け残りの木材をもちだすこともあったという。

病院本部壕と第一・第二外科壕が掘削されていた黄金森一帯はしだいに自然林へ戻るとともに、山麓部分はサトウキビを中心とする作物が栽培される農

**図15 ● 屋嘉**（現・沖縄本島中部、金武町内）**の収容所**
米軍の野戦テントを使用し、二重の有刺鉄線でかこんでいた。非戦闘員、朝鮮人、日本兵と区分けして収容された（1945年6月27日撮影）。

地となった。この過程で各壕の入り口は少しずつ埋れていき、また焼け落ちたり抜きとられたりして、支えとなる柱と梁を失った壕のなかには陥没するものも多くなって、各壕の位置はほとんどわからなくなっていった。

## 2 関心の高まりと遺骨収集事業

### 米軍の統治下となった沖縄

アジア太平洋戦争の終結後、日本は連合国軍による占領下におかれ、沖縄島をふくむ南西諸島は米軍政府の統治下におかれた。

この間、米国とソビエト連邦による東西冷戦がアジア社会に大きな影響を及ぼし、一九四八年に大韓民国と朝鮮民主主義人民共和国、一九四九年には中華人民共和国が国家樹立を宣言した。そして一九五〇年六月には朝鮮戦争がはじまり、日本国内は大韓民国を支援する米軍の後方基地としての役割を担うことになった。同時に日本の独立を回復するための講和条約締結にむけた交渉が進められ、一九五一年九月、サンフランシスコ条約が締結された。

これにより翌一九五二年四月二八日に日本は主権を回復したが、サンフランシスコ条約とともに締結された米国と日本との「安全保障条約」にもとづき、南西諸島は日本から切り離されて米軍の統治下に残された。ただし、戦前には鹿児島県に属していたトカラ列島は一九五二年二月、奄美諸島は一九五三年一二月にいち早く日本へ返還された。

## 映画「ひめゆりの塔」と「沖縄戦跡南風原陸軍病院壕趾」の石碑

サンフランシスコ条約の締結と発効は、その後も米軍統治下に残された沖縄についての関心を喚起した。一九五二年には映画「ひめゆりの塔」（今井正監督、香川京子主演）が制作され、翌年一月に公開されて大きな反響をよんだ。

映画「ひめゆりの塔」では女子学徒隊の活動が描かれており、南風原壕群での活動状況もとりあげられていたことから、現地を訪ねる人が多くなった。このため当時の南風原村役場では一九五三年に、その時点では一部の壕の内部が入れる状況であった第一外科壕群の一つの壕の前に「沖縄戦跡南風原陸軍病院壕趾」の石碑を建立している。この慰霊塔の建立は九州の僧侶からの申し出を受けたことがきっかけであったという（図16）。

また、一九六六年には沖縄遺族連合会が南方同胞援護会の助成を受けて、「沖縄戦跡南風原陸軍病院壕趾」の石碑の近くに、当時の首相であった佐藤榮作揮毫による慰霊塔

**図16 ●「沖縄戦跡南風原陸軍病院壕趾」の石碑**
碑文には、添書として「重傷患者二千余名自決之地」と刻まれている。

「悲風の丘」を建立している。このころ日本政府は沖縄での遺骨収集を計画したが米軍の承認がえられず、実施には至らなかったことが南方同胞援護会の助成による慰霊碑の建立につながったという。

## 沖縄返還と遺骨収集事業

一九七二年五月一五日、沖縄県の施政権が米軍から日本政府へ返還されると、沖縄戦に従軍した日本軍関係者やその遺族が、戦闘で犠牲となった人びとの慰霊を目的として沖縄を訪れることが多くなった。その際には実際の戦闘の場を訪ね、遺骨や遺品の収集もおこなわれはじめた。また、日本政府では当時の厚生省が沖縄での遺骨収集事業を開始し、糸満市摩文仁に設けられた「国立沖縄戦没者墓苑」への収骨をはじめた。

この厚生省による遺骨収集は沖縄陸軍病院南風原壕群でも一九七三・七四年および一九八五年の三度にわたり実施された。また、このほかに一九七五年には元日本兵による遺骨収集、一九八五年にはひめゆり同窓会関係者による遺骨収集がおこなわれた。

これらの遺骨収集作業では、位置がわからなくなった壕のありそうな場所に目星をつけ、ユンボなどの重機で地面を一気に掘り下げて壕をさがしだし、重機で床面を露出させて残された遺骨や遺品を収集するという土木工事と同様の掘削手法がとられていた。当然、遺骨や遺品を収集する際に掘りだした壕の位置や残り具合、遺骨・遺品の位置や埋まっていた状況などについて詳細な記録をとることはほとんどなかった。

# 3　地元の記録と保存活動

## 地元の実態聞き取り調査と『南風原陸軍病院』の刊行

沖縄戦終了後の南風原では、一面焼け野原の状態からの復興がはじまったが、村民に多くの犠牲者を出した反省は地方自治体として沖縄戦の実態を記録し、後世に伝える仕組みを生みだした。

その一つが南風原町史編纂事業のなかで進めた、南風原の一二の字（集落）ごとの沖縄戦災の聞き取りとその記録の刊行である（図17）。

一九八三年からはじめられたこの事業では、字（集落）ごとに沖縄戦前の状況について聞き取り調査をおこない、これにもとづいて集落の構造と各民家の家族構成を復元するとともに、沖縄戦の際の住民の行動や被害状況を克明に記録している。

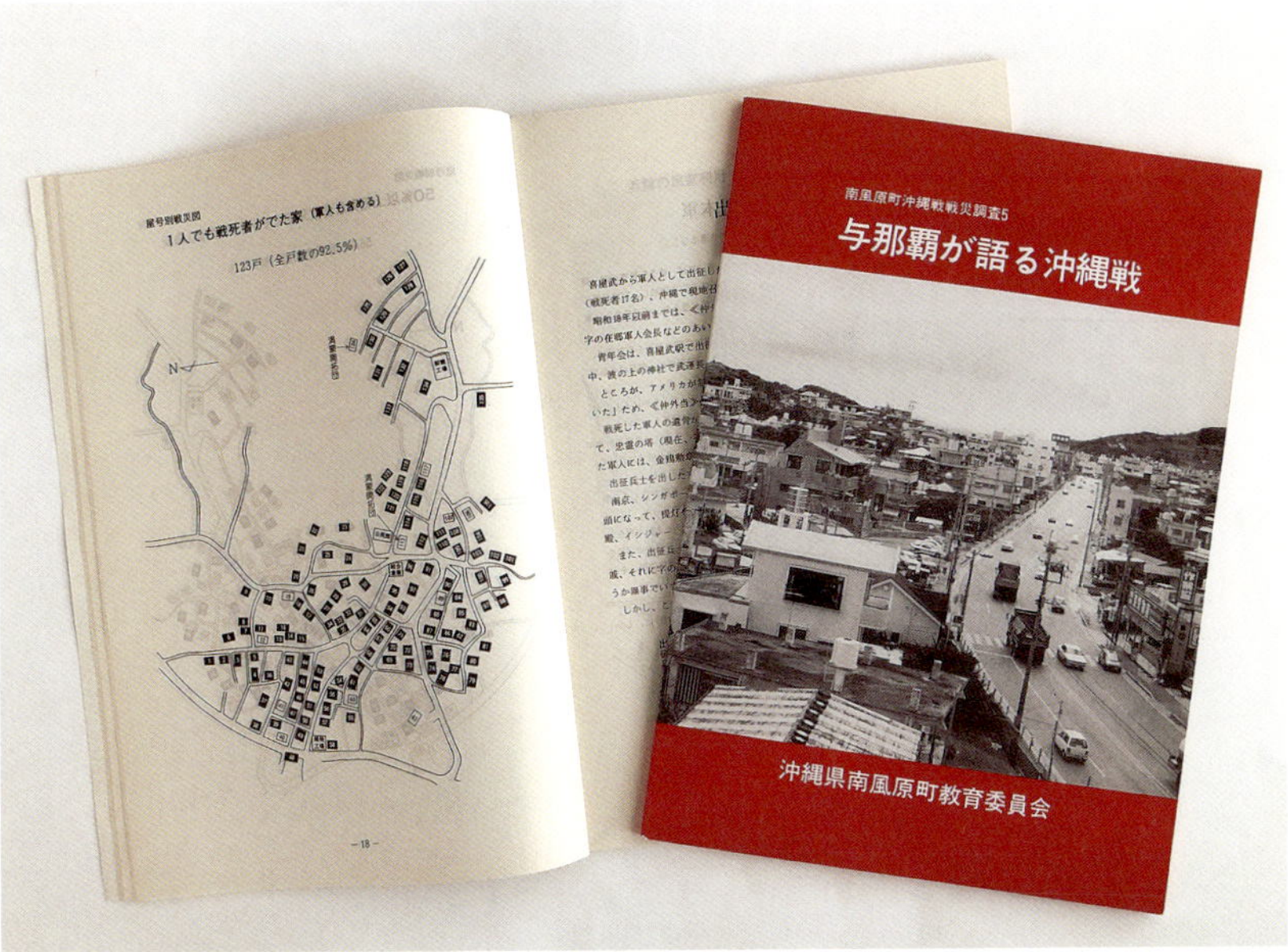


図17 ● 南風原町各字（集落）の「南風原町沖縄戦戦災調査」
戦争体験の聞き取り調査には多くの地元高校生が参加した。
左は『喜屋武が語る沖縄戦』。

一九八七年七月には厚生省による遺骨収集作業がふたたび黄金森丘陵で実施された。このときには、南風原町文化財保護委員であり、各字の戦災記録の聞き取り調査をまとめた吉浜忍さんたちが立ち合いのために参加していた。

吉浜さんたちは、遺骨や遺品を収容するだけで、壕の配置や構造、実際の使用状態など、壕のもつ歴史的情報を資料化しない厚生省による遺骨収集作業のあり方に疑念を抱いた。そこで、遺骨収集作業時にみずからが撮影した記録写真やその際に作成した略図などを盛り込みながら、壕の位置とそれぞれの構造、遺骨や遺品収集の状況、さらには壕群全体の配置状況の復元などを試みた（**図18**）。

そのうえで関連する文献記録を手がかりとして、沖縄陸軍病院部隊の設置から

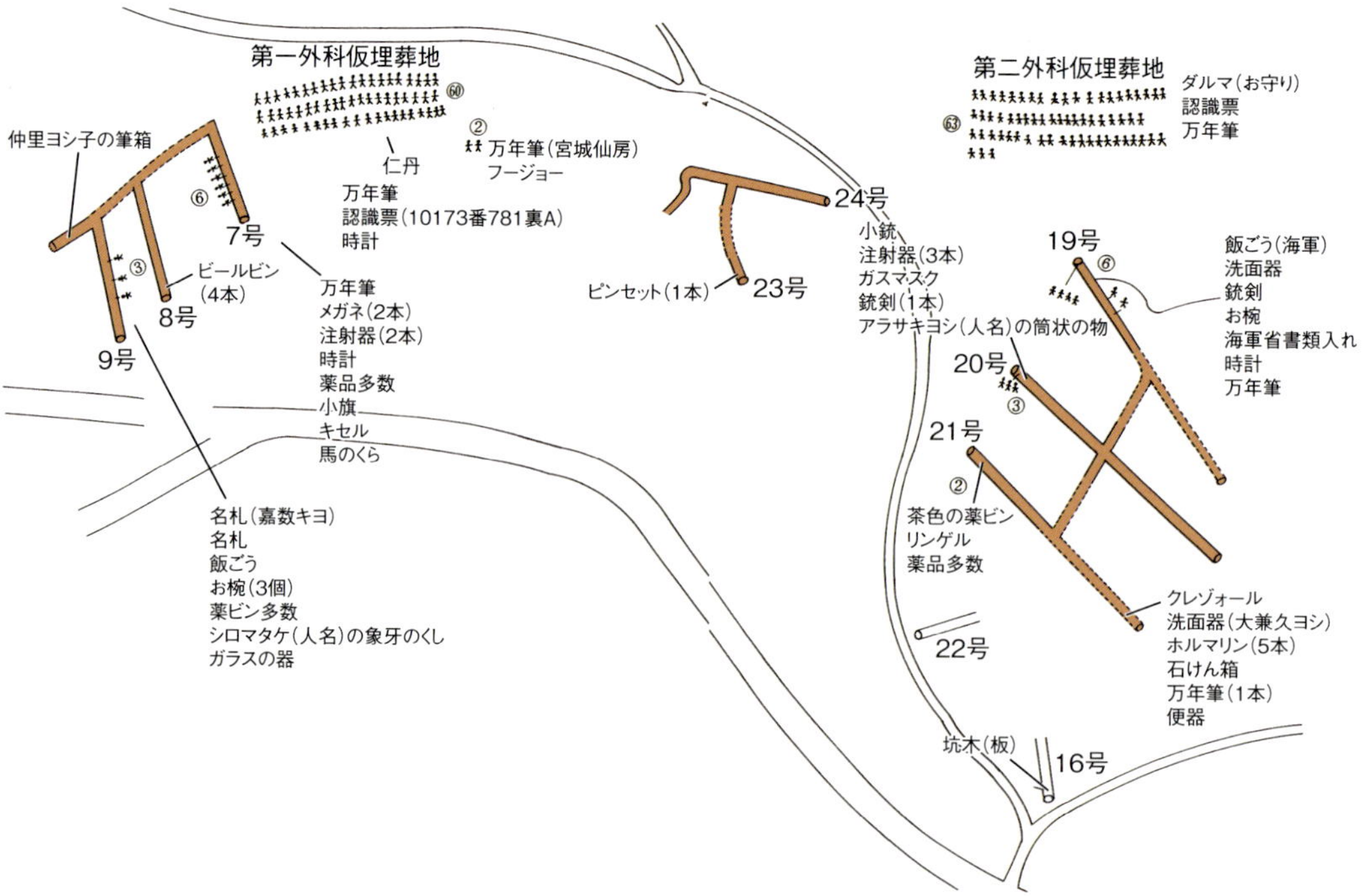


**図18** ● **吉浜忍さんたちによる厚生省の遺骨・遺留品収集状況の復元**
遺骨収集の際には多くの遺骨・遺品が検出されたが、これを記録化したのは吉浜さんたちだった。

解散までの経過について調べ、これと壕体験者からの聞き取り記録との照合をおこなって、南風原国民学校の接収時から黄金森丘陵に掘削した壕群を使用した時期の沖縄陸軍病院の様相についてまとめた一冊の冊子を刊行した。これが南風原町教育委員会による冊子『南風原陸軍病院』（一九八七年一〇月）である（図19）。

『南風原陸軍病院』には遺骨や遺品を収集して戦死者の御霊を慰めるだけでなく、これを歴史的資料として取り扱う視点が提示されており、それまでの戦跡にたいする取り組みとは大きく異なっている。

## 町文化財指定へ

さらに南風原町では、遺骨収集の際に掘削位置があきらかになった壕を含めて、壕が残っている可能性が高いと想定された第一・第二外科壕群について、その歴史的価値をふまえて史跡に指定しようとした。

しかし、当時の国文化財保護法および南風原町文化財保護条例において慣例的に考えられていた「約一〇〇年を経過し

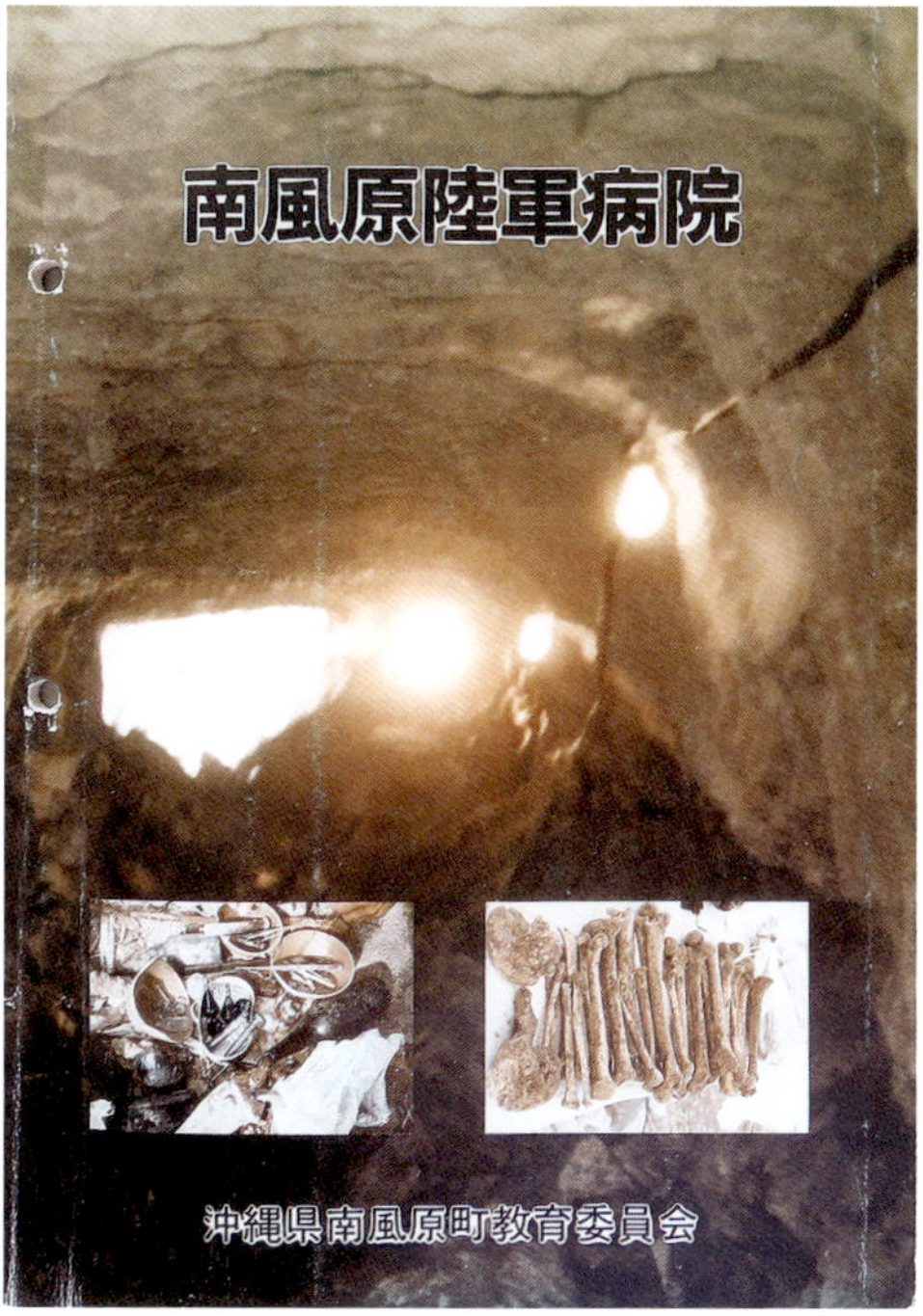


図19●『南風原陸軍病院』
本書の編集は、南風原町が第一・第二外科壕群を町文化財に指定する大きなきっかけとなった。

た文化財を指定対象とする」という規定との乖離が問題となった。国の文化財保護行政の考え方を尊重するかぎり、終結からまだ五〇年もすぎていない沖縄戦に関係する戦争遺跡を文化財に指定することは不可能だったのである。

そこで、南風原町文化財保護委員会では、町の文化財保護条例のなかの指定要件に「沖縄戦に関すること」という文言を盛り込む改正をおこなったうえで、一九九〇年に沖縄陸軍病院南風原壕群の一部（第一・第二外科壕群）を町史跡に指定したのである。

当時の文化財保護行政が国主導型であったことを考えると、南風原町がおこなった措置は小さな地方行政体による国の文化財保護行政への異議申立てに近い行動であった。だが、この文化財指定は、五年後の一九九五年三月に広島原爆ドームのユネスコ世界文化遺産リスト登録を契機とした国による文化財指定基準の変更によって、むしろ国に先行する地方自治体の文化財指定に関する先進的な取り組みという評価に変わった。南風原町による沖縄陸軍病院第一・第二外科壕群の町文化財への指定は、日本の文化財保護行政の歩みのなかできわめて画期的な措置となったのである。

## 戦跡考古学の提起

さて文化財に指定したものの、南風原町は第一・第二外科壕群の壕数や所在位置について明確に把握しているわけではなく、先にまとめた冊子『南風原陸軍病院』に採録した情報が基本であった。このため、壕群の配置やそれぞれの壕の構造、埋没状況についての詳細は町文化財指定後にあらためて確認する必要があった。

しかし、当時の南風原町教育委員会にはこのような調査ができる専門職員が配置されていなかった。そこで南風原町は一九九二年に「南風原陸軍病院壕保存・活用調査研究委員会」を設置し、旧陸軍病院関係者に加えて地質学や土木学、歴史学、考古学などを専門とする研究者の参加を求め、壕群調査の実施とその後の保存活用方針の策定をおこなうことにした。筆者は、考古学分野からこの委員会に参加し、勤務する琉球大学考古学研究室の学生たちが壕群の考古学的調査に関わることになったのである。

南風原壕群の調査に考古学を専門とする筆者および琉球大学考古学研究室が参画した背景には、当時の沖縄考古学界で提起されていた「戦跡考古学」という考え方が強く影響している。「戦跡考古学」とは、一九八四年に沖縄の考古学研究者である當眞嗣一《とうましいち》さんが提唱した考え方である。當眞さんは「沖縄戦の戦争遺跡や戦争遺留品という過去の物質的資料を認識の手段として沖縄戦の実相にふれていくこと」を「考古学研究者の作業分野としてとりこんでもいいのではないか」(「戦跡考古学のすすめ」『南島考古だより』第三〇号、一九八四年五月)と述べ、沖縄戦に関係する遺跡や遺物の考古学的研究の必要性を提起した。

南風原壕群の考古学的調査を開始した一九九二年ごろの沖縄県内では、観光地として整備された豊見城市の海軍沖縄方面根拠地隊司令部壕や糸満市摩文仁の丘周辺の第三二軍司令部洞窟陣地壕を除くと、ほとんどの戦跡は手つかずのまま放置されている状況であった。當眞さんの「戦跡考古学のすすめ」によって考古学研究上の必要性や有効性が関係者のあいだで認められたとしても、前述したように県や市町村などの行政機関では文化財保護法のうえでの法的根拠がなかったため、戦跡を文化財として取り扱うことがなかったのである。

当時の沖縄県内で、考古学的研究の対象として戦跡への取り組みを担うとすれば行政組織では難しく、大学や博物館などの教育研究機関とこれに属する研究者しかなかった。そこで先駆的調査と研究成果の蓄積を進めることによって戦争遺跡にたいする社会的認知をひろげ、行政組織による取り組みを可能とする社会的環境を醸成することが必要であった。

こうして沖縄陸軍病院南風原壕群の考古学的調査は、南風原町の取り組みと沖縄考古学の世界で必要とされた戦跡考古学の実践活動を求める機運がちょうど重なることによってはじまったのである。

## 4　実態解明へ

### 考古学的調査の開始

一九九二年に南風原町が立ち上げた「南風原陸軍病院壕保存・活用調査研究委員会」では、沖縄県内に残る海軍沖縄方面根拠地隊司令部壕（豊見城市）や糸数アブチラガマ（南城市）などの戦争遺跡だけでなく、長野県長野市の松代《まつしろ》大本営壕や神奈川県横浜市日吉《ひよし》の旧日本海軍司令部壕などの県外の戦争遺跡を視察し、沖縄陸軍病院南風原壕群の望ましい今後の取り扱い方針策定にむけた討議をはじめた。またこれと並行して、先例のない戦時中の壕の考古学的調査をどのように進めるか方法を模索した。

その結果、考古学的調査はまず第一・第二外科壕群が分布する黄金森丘陵一帯の地形測量図を作成し、つぎに壕内部への出入りが可能であった二〇号壕と二四号壕内部の現況実測図を作成するとともに、両壕壁面の強度測定および壕が掘削された丘陵の地質構造調査を実施することにした（図20）。

なお、南風原壕群全域の保全を考えた場合の緊急性からすると、第一・

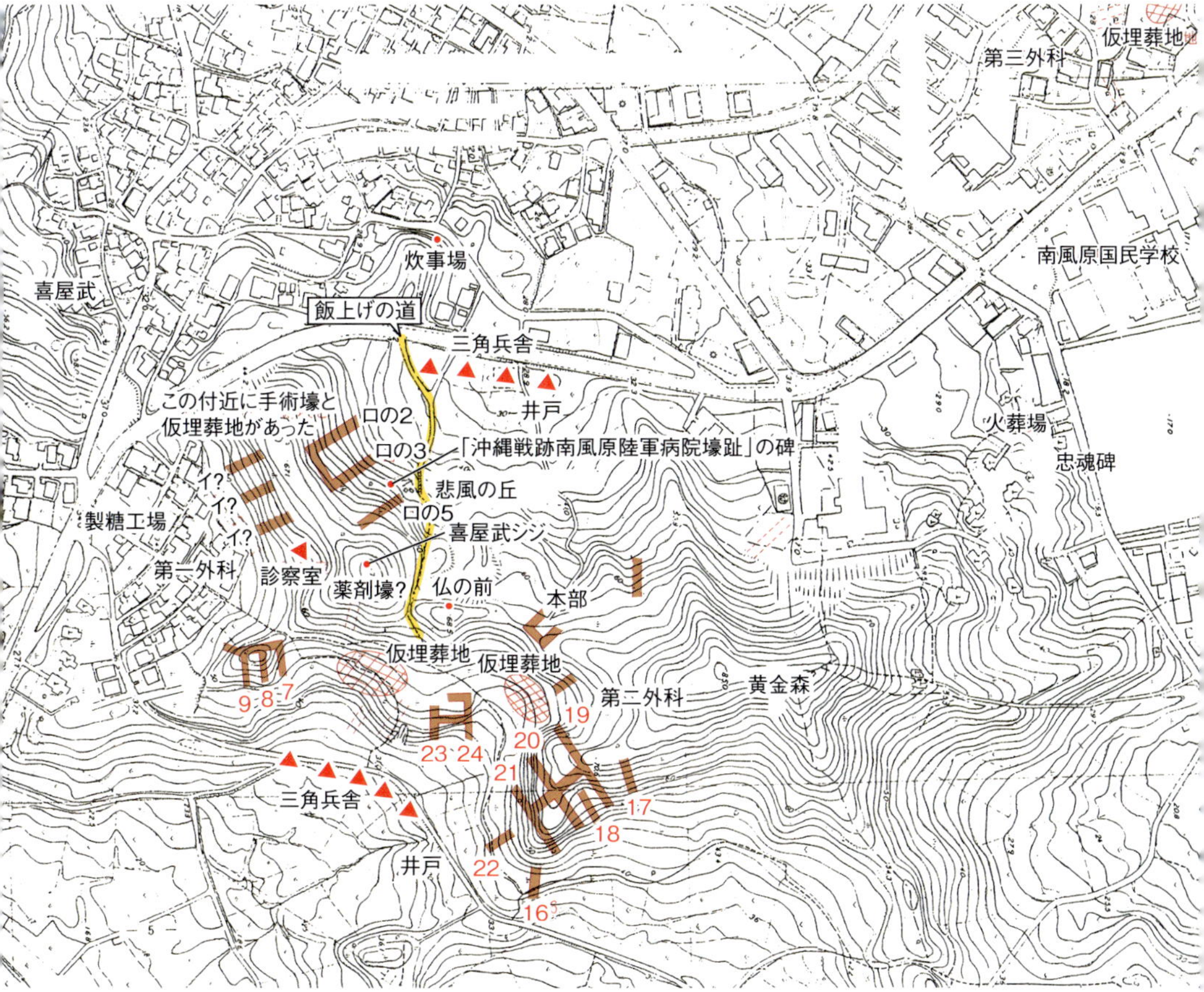


**図20 ● 南風原壕群の配置復元図**
考古学的調査をはじめる前の段階で刊行されていた『南風原陸軍病院』には、
壕群の配置復元図がまとめられていた。

第二外科壕群ではなく、周辺地形の改変が進み、壕の確認が困難となっていた病院本部壕群や第三外科壕群を優先して調査したいところであった。しかし、史跡指定した第一・第二外科壕群が分布する黄金森丘陵では、南風原町による黄金森運動公園整備計画にともなう工事がすではじまっていた。

黄金森運動公園の整備計画担当部署では、壕群の存在を認めてはいたものの、基本的には公園施設の配置計画を優先していた。このため工事の進捗にともなって事前に確認していなかった壕があらわれ、否応なく破壊されることも予測された。そこで壕群に関する考古学的調査情報を事前に収集し、工事関係者に提供することによって、できるかぎり黄金森運動公園の整備と壕群の保全を両立させることをねらい、第一・第二外科壕群の調査を開始したのである。

## 調査の方法と経過

こうして南風原壕群の考古学的調査はつぎの四段階の工程で進めることがしだいに固まっていった。

第1段階　南風原壕群についての情報（聞き取り記録・戦史記録など）を前もって徹底的に収集する。
第2段階　現地での地形測量図および壕の現況図を作成し、事前情報と対比確認する。
第3段階　壕やその他の遺構が存在すると予測される地点を試掘し、具体的な位置や埋没状況を確認し、考古学的な方法による資料化を図る。

第４段階　必要があれば本調査を実施し、各壕の総合的把握に努める。

これは特別な工程ではなく、きわめて一般的な考古学的調査の方法であり、これにもとづいてわたしたち琉球大学考古学研究室は調査を開始したのである。

また、南風原町教育委員会では、考古学的調査成果をふまえて陸軍病院壕群の保存整備計画の策定を考えていたこともあって、拙速な調査の進行を求めなかった。そのため調査は、参加する学生の都合に合わせて大学の長期休暇ごとに実施した。調査の時期が三月（春休み）や八・九月（夏休み）に集中するとともに、複数年次にわたったのはこのためである。しかし、これによって調査と調査のあいだに前の調査の成果を充分に咀嚼しながらつぎの調査に移ることができ、南風原壕群についての考古学的調査手法を錬成することが可能となった。

また、わたしたち琉球大学考古学研究室による調査とは別に、二〇〇六〜〇八年に復元整備を前提とした南風原町教育委員会による二〇号壕の壕内発掘調査が実施された。これは私たちの調査成果をふまえたうえで、新たな専門職員を配置した南風原町教育委員会が二〇号壕の保存公開のための工事を前提として実施した調査である。

それでは次章で、調査であきらかになった病院壕の実態をみていくことにしよう。

# 第4章　よみがえる病院壕

## 1　壕群の配置

### 旧南風原国民学校と黄金森丘陵

沖縄戦の前に沖縄陸軍病院が接収した旧南風原国民学校は、現在、南風原小学校および南風原中学校となっている。

両校敷地の南側に、南北に長い主尾根と数本の枝尾根からなる黄金森丘陵がある（図21）。主尾根の中央部西斜面に病院本部壕があり、これをとりかこむように、主尾根の南側とそこからのびる枝尾根に外科（後の第一外科）の壕が、主尾根から東側へのびる枝尾根に内科（同第二外科）の壕が配置されていた（図22）。

また、両校敷地の西側に黄金森から派生した別の丘陵がのびており、ここに伝染病科（同第三外科）の壕が設けられていた。現在、黄金森丘陵は自然景観を残しながら整備されつつある

**図21 ● 黄金森丘陵周辺の航空写真**（上が北）
青字は現在の施設名、赤字は病院壕の位置。沖縄陸軍病院では病院の構成にもとづいて黄金森丘陵一帯に地下壕群を配置していた（図20・22参照）。

町営運動公園のなかにとり込まれているのにたいして、伝染病科壕があった周辺は市街地化され、壕群の痕跡をほとんどとどめていない（図21）。

## 実態不明の病院本部壕

病院本部壕の推定位置は、黄金森に設けられた「悲風の丘」の碑の北西にひろがる畑地と雑木林のなかである。出入り口が二カ所ある「コ」字型の壕で、内部には調剤室などが配置されていたという聞き取り記録がある。

しかし戦後、病院本部壕には日本軍の資産が隠匿されていたとの情報が流布し、壕の推定位置周辺では重機を用いた探索作業が複数回にわたっておこなわれたという。この探索作業によって壕周辺の景観は大きく改変されたが、病院本部壕を確認したという話は伝わっていない。測量調査でも重機によって掘削された痕跡がいたるところにみられたが、やはり本部壕の位置を確認するには至っていない。

なお、本部壕の推定地周辺は二〇〇八年度からはじめられた南風原文化センターおよび中央公民館の移転工事区域に組み込まれたことから、工事に先立って町教育委員会による立ち会い調査が実施された。しかし、この際にも本部壕は確認されておらず、実態は不明のままである。

## 第一外科壕群

外科（第一外科）の壕が掘削されていた黄金森丘陵の頂上部分には、北側に「仏の前」、南側に「喜屋武シジ（頂）」とよばれる字喜屋武集落の聖域がある。聞き取り調査記録によれば、「喜屋武シジ」が位置する尾根の東西両斜面に数基の壕が掘られていたらしく、東斜面側の壕は「イの一～五号壕」、西斜面側の壕は「ロの一～五号壕」とよばれていた（**図20参照**）。

「イの一～五号壕」と「ロの一～五号壕」では、厚生省をはじめとした遺骨収集がたびたびおこなわれ、「イ」の壕列の三基、「ロ」の壕列の二基が確認されている。しかし、遺骨収集がおこなわれた壕と聞き取り記録にみられた「イの一～五号壕」、「ロの一～五号壕」の対応関係は確定できていない。

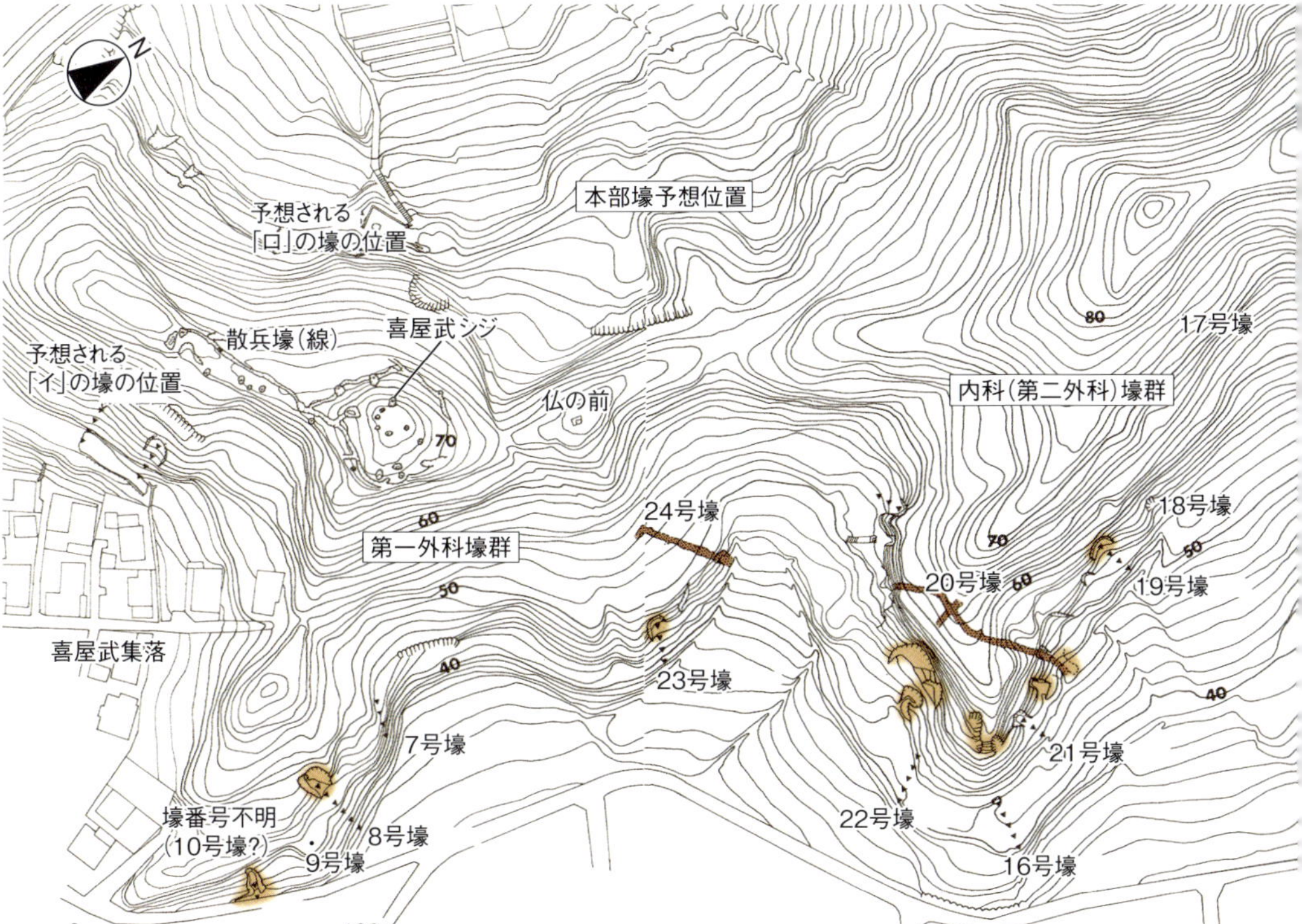


**図22 ● 南風原壕群の配置復元図**
測量調査では、崩落した壕だけでなく、遺骨収集の際の掘削痕も多くみられることから、試掘調査による壕位置の確認が欠かせない。

また、「イ」の壕列の南側の黄金森丘陵先端部分には受付壕や手術壕があったという聞き取り情報がある。しかし、黄金森丘陵の主尾根南端部分は戦後の道路拡幅工事で削りとられており、この際に消滅した可能性が高い。これらの壕はすべて出入り口が前方一カ所にのみ設けられた「盲貫壕」であったと伝えられている。

「喜屋武シジ」の主尾根から東へ派生する二つの枝尾根の斜面には、それぞれ第一外科壕群七〜一五号壕と二三・二四号壕が掘削されていた。このなかの七〜一五号の壕は厚生省による遺骨収集の対象となり、七〜九号壕が確認されている。しかし、残りの一〇〜一五号壕については遺骨収集の際に重機を用いた大規模な探索がおこなわれたものの確認されていない。

二三・二四号壕は、内科（第二外科）の壕とむかいあう位置に配置されている。両壕はともに一九九〇年代までは内部への出入りが可能であった。現在は出入り口が大きく崩壊して危険なため、両壕とも内部への立ち入りはできない。

なお、聞き取り調査では一〜五、七〜一五号壕についての証言があるものの、数の順序からすれば存在すべき六号壕の位置情報にちがいがある。また、旧沖縄陸軍病院関係者とひめゆり学徒隊関係者の記録では、各壕の位置が微妙に異なっている。

## 内科（第二外科）壕群

内科（第二外科）の壕は黄金森丘陵から東にのびる枝尾根斜面に掘削されていた（図22参照）。外科にくらべて壕数が少なく、一六〜二二号壕の七基で構成されていたという。

このなかで一九・二〇・二一号壕は枝尾根を掘り抜いてならんだ三本の壕で、壕内を通路で連結していた。これらは内科の中心壕であり、真ん中の二〇号壕中央部分には、第二外科の手術場がおかれていた。第1章で述べたように、測量調査の段階で、二〇号壕は天井部の崩落した東側の出入り口近くが開口しており、壕内へはここから滑り込むように入れる状況であった。これにたいして一九・二一号壕は出入り口部が完全に埋没していた。

また、一六・二二号壕は内科の壕群が掘削された枝尾根の東先端部近くに位置し、遺骨収集がおこなわれた後に埋め戻されていた。残る一七号壕は一九号壕の北側、一八号壕は一九号壕と二〇号壕のあいだにあるとされていた。しかし、測量調査の結果、一七号壕は内科の壕群が掘削された尾根の北端にあり、ここから南東へむけて一八・一九・二〇・二一号壕の順に配置されていたことが確認された。なお、一六・一九〜二二号壕の五壕では厚生省による遺骨収集作業がおこなわれており、重機の掘削痕が残っている。

## 伝染病科（第三外科）壕群

伝染病科（第三外科）の壕は、黄金森丘陵の主尾根から北西方向へ派生する枝尾根の斜面に四基が掘削されていたという。現在の南風原町役場庁舎から県営団地のあたりである（図21参照）。四基のなかの一基は現在の南風原町役場の前を通る道路に面した南風原小学校校門のむかいにあって、軍医・看護婦など関係者の詰所であったという。残りの三基は病棟壕である。しかし、現在では周辺の地形が大きく変貌し、四基ともまったく確認できない状況にある。

## 2 遺骨収集で掘り下げられた壕

### 試掘調査の開始

以上の測量調査で得た知見から、試掘調査では陥没している壕の出入り口の確認から進めることにした。

戦後の遺骨収集や経年変化による壕の陥没によってできた黄金森丘陵斜面にある凹みにあたりをつけ、一辺二メートルの調査グリッドを横並びに二〜五つ設定し、凹みの位置に設定したグリッド二つを中心にして掘り下げていった（図23）。

二つのグリッドの合計幅は四メートルで、ほとんどの場合、このあいだに地山を掘削した壕の壁面があらわれる。ただし、なかには壕を掘削した際の排土を壕の手前の左右に盛り上げて通路をつくった場所に遭遇することがある。この場合には、盛土は掘り出したクチャ（泥岩）やニービ（微粒砂岩）の塊が不規則に積み重なっていることから判別が可能である。また、遺骨収集の際に重機で掘削して埋め戻した部分は、ほぼ一気に埋め戻した状況が観察され、堆積土内には樹木などが多く混ざり込んでいることが多いので比較的判断しやすい。

**図23 ● 第一外科壕の調査**
はじめに壕の陥没や遺骨収集の際の掘削痕の凹みに2ｍ四方の調査グリッドを複数設けて掘り下げる。

## 第一外科七〜一〇号壕

試掘調査をおこなった第一外科壕群七〜一〇号壕（図24）は、一九八二年の厚生省による遺骨収集の際に重機で掘り下げ、埋め戻されていた。測量調査では、遺骨収集時の陥没が二カ所確認できたため、これを八・九号壕と想定した。しかし、試掘調査の際、八・九号壕と考えた

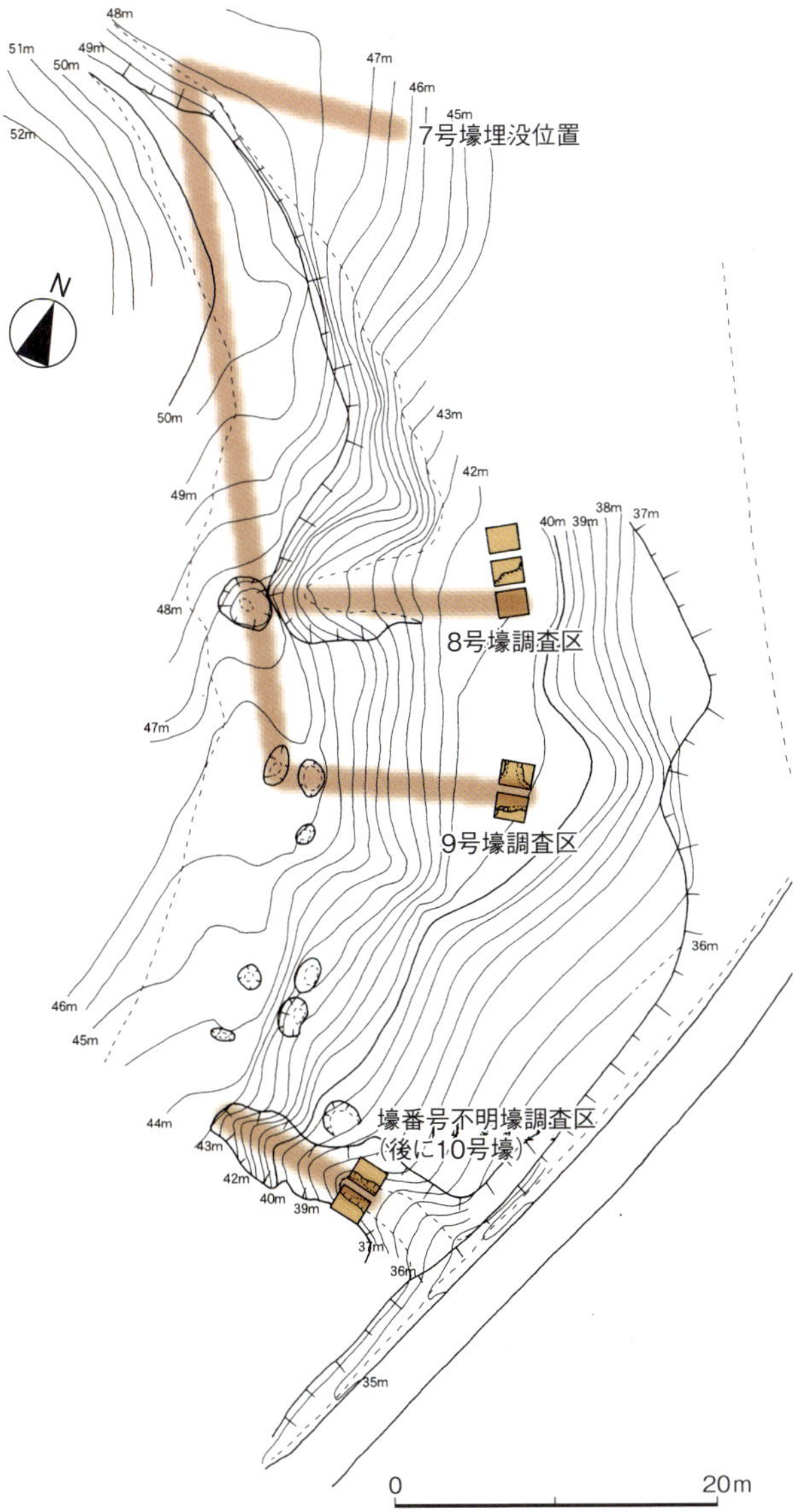


**図24 ● 第一外科8・9・10？号壕の調査区設定状況**
はじめに9号壕と考えていた陥没と8号壕の陥没とのあいだに9号壕がみつかったことから、はじめに9号壕とした陥没は10号壕であることがあきらかになった。

陥没のあいだにもう一つ壕があり、遺骨収集時の記録と照合した結果、ここが九号壕である可能性が高くなった。

遺骨収集がおこなわれた八号壕は、床面近くまで重機によって掘り下げられており、壕の左右壁面はほとんど残っていない。地表面下約二メートルで、幅約二メートルの通路部分がわずかに確認できる状態である。試掘調査で検出した床面には天井を支える壁際の柱を立てた土坑がみあたらないことから、ここは壕内へ入る通路部分と考えられる。

八号壕の北側約一五メートルの位置には七号壕があり、やはり遺骨収集の際に掘り下げられている。遺骨収集の際には地表から数メートル掘り下げて、七号壕の床面を確認したという。わたしたちの調査では重機を用いず人力で発掘することから、掘り下げ時の安全性を考慮し、七号壕の試掘確認はおこなわなかった（図25）。

九号壕では重機によって埋め戻された堆積層を約一メートル掘り下げた位置で、壕奥にむかって左側の壁面を検出した。さらに掘り下げて検出した右側の壁面は、左側にくらべてわずかに残っているのみであった。床面の幅は約一・六メートルである。出入り口の前方には壕の掘削土を用いた盛土がみられ、壕出入り口の前方に目隠しの

**図25●第一外科7号壕の埋没状況**
写真中央の凹みが、遺骨収集後に埋め戻されていた7号壕の位置を示す。

ための盛土を設けていたことが推測される。

なお、当初九号壕と考えていた陥没部分では、地表面を約五〇センチ掘り下げた位置で壕壁面が確認され、そこからさらに約一・五メートル掘り下げた標高三五メートルの高さで床面を確認した（図26）。床幅は一・八メートルである。

確認した床面には壁面に沿った柱穴がなかったことから、ここはトンネル状となる壕内ではなく、天井部分に擬装をほどこした露天の通路部分であったと推測される。壕番号のならびからすると、この壕は聞き取り記録にみられる一〇号壕と考えられる。なお、これらの壕は調査後、埋め戻して現地保存を図った。しかし、その後、周辺は宅地および公園となった。

## 二段ベッドがならぶ壕内

壕内の設備と様子について、南風原町刊行『南風原陸軍病院』に、負傷して第一外科七号壕に収容された兵士の証言がある。

「七号壕は、天井は木の枠、床は板を張っていて、片側二段ベッドでした。ベッドには二人寝ることができ、

図26● 第一外科10号壕（壕番号不明壕）の通路確認状況
地形の凹みを中心とした2つの調査グリッドでは、左右に地山を削った壁面があらわれ、その中央部分に壕通路に流れ込んだとみられる堆積土がみられる。

私の隣は仲本さんでした。私達は下の方でしたので、上から小便や血がたれ閉口した。(中略)専属の看護婦さんはいたが、包帯交換はたまにしかなかった。交換の時、包帯の下はウジでいっぱいだった。壕の中には、すでに完治した兵隊が五、六名いて、飯あげ(配給される食事を受け取りにいくこと)や死体捨てなどをしていた。飯は、オニギリが一日三回、たまにオカズがあった。」(玉城伝造、カッコ内は著者注)

## 3 ひめゆり学徒隊が使用した壕

### 第一外科二四号壕

二四号壕(図27)は米軍沖縄島上陸前後の時期に、ひめゆり学徒隊が使用していたことで知られる。その際、壕は未完成の状態で通気が悪かったことから、映画「ひめゆりの塔」では生徒たちが上着や風呂敷などをふって、壕内の換気作業をおこなっていた姿が描かれていた。

戦後、生徒の証言を集め学徒隊の記録を一冊の本にまとめた沖縄師範学校女子部の引率教師、仲宗根政善氏は、一九四五年三月末ごろの二四号壕ついてつぎのように記している。

「この壕も未完成であったが、かなり深かった。壕の中はしずくがしたたり、泥田のようにぬかり、足をふみ入れることができなかった。

入口に積んであった支柱を壕内に運んで敷き並べて、足を泥の中につっこんだまま、その上に目白おしに入口から奥まで並んだ。(中略)

石垣教諭が夜ふけになん名かの生徒をひきつれて、空襲で破壊された南風原国民学校の雨戸をはずして持ちこみ、やっと上半身を横たえるほどの寝床ができた。やがて兵舎に積まれたフトンが持ちこまれ、三枚も四枚も雨戸の上に敷き重ね、壕は荷物とフトンでいっぱいになった。七、八十名がすしづめにされ、身動き一つできなかった。生徒を二班に分け、第一班が休む間は第二班は膝を抱いてすわるといったぐあいに、交替制をとった。くしざしの魚のように身体をななめにして寝た。（中略）

入口ではローソクはいつでもともったが、奥の方ではマッチもつかなかった。七、八十名のはき出

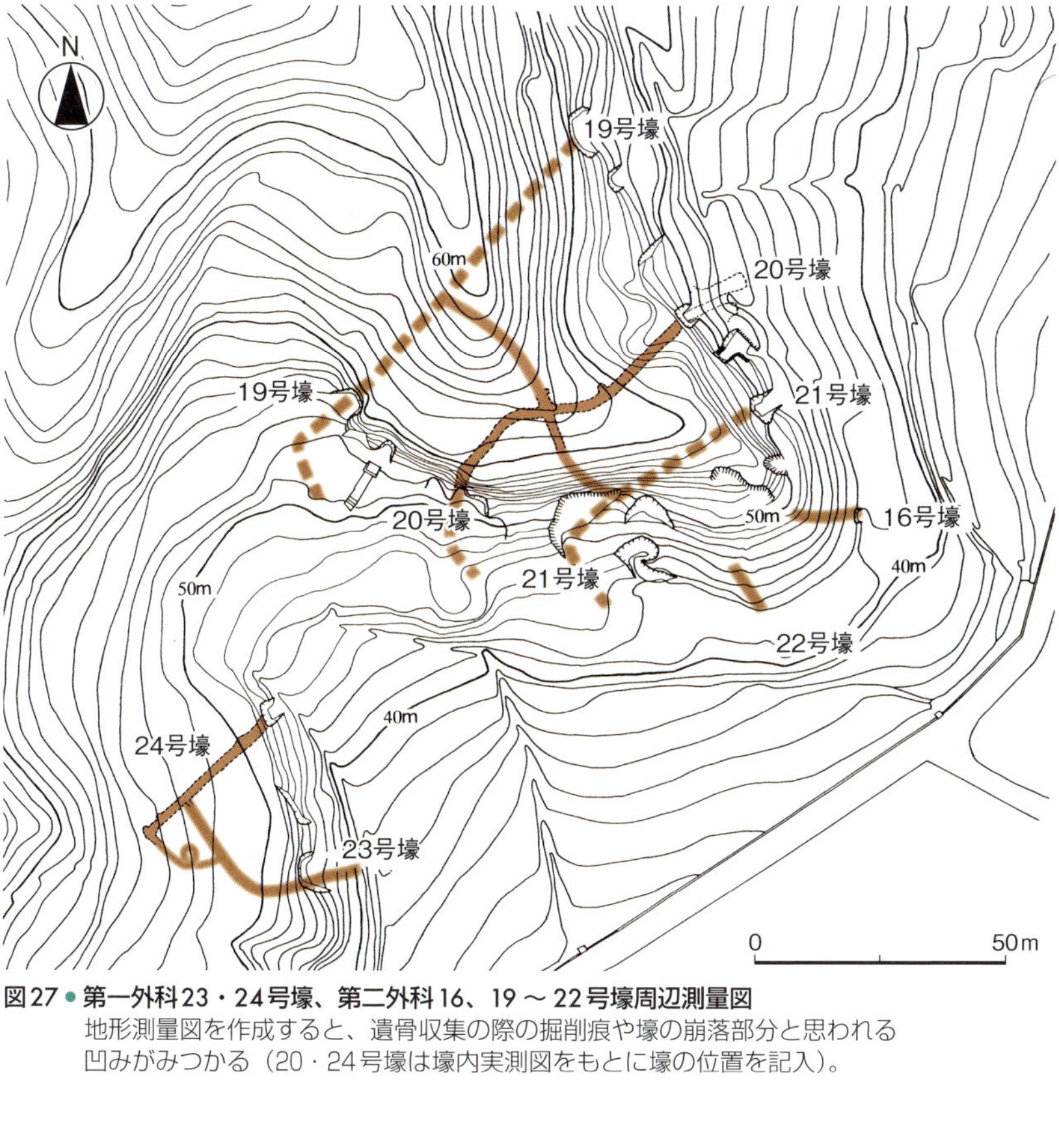


**図27 ● 第一外科23・24号壕、第二外科16、19～22号壕周辺測量図**
地形測量図を作成すると、遺骨収集の際の掘削痕や壕の崩落部分と思われる凹みがみつかる（20・24号壕は壕内実測図をもとに壕の位置を記入）。

す炭酸ガスは壕内に充満し、ローソクの火はだんだん細く消えていった。ローソクの火は炭酸ガスの密度計でもあった。ローソクが消えかかると、全員総立ちになり上着やフロシキなどをふって換気をはじめた。」(『ひめゆりの塔をめぐる人々の手記』角川ソフィア文庫、三二一―三四頁、中略は著者)

また、五月四日には米軍の艦砲射撃弾が壕出入り口部分を直撃して掩体《えんたい》が吹き飛ばされ、周辺にいた女生徒を含む一四、五名が犠牲となった記録が残っている。

壕内実測調査をおこなって確認した二四号壕は、出入り口周辺の天井部分が崩落して床面をおおっており、天井とのわずかな隙間から内部に入れる状況であった(図28)。

## わかってきた壕の構造

壕内は奥にむかってほぼ真っすぐにのび、奥行き約三二メートルで左に曲がり、そこから四メートルほどの位置で行き止まりとなる(図29)。

行き止まり部分からは、二三号壕の中央部近くへ降りる細い螺旋状通路が設けられていた。

連結部分の二四号壕と二三号壕の床面標高には約三メートルの高低差があり、螺旋状の通路に

**図28●第一外科24号壕の出入り口**
天井が崩落して沖縄戦当時の出入り口の状態とは異なっている(図30・31参照)。現在の状況は図46参照。

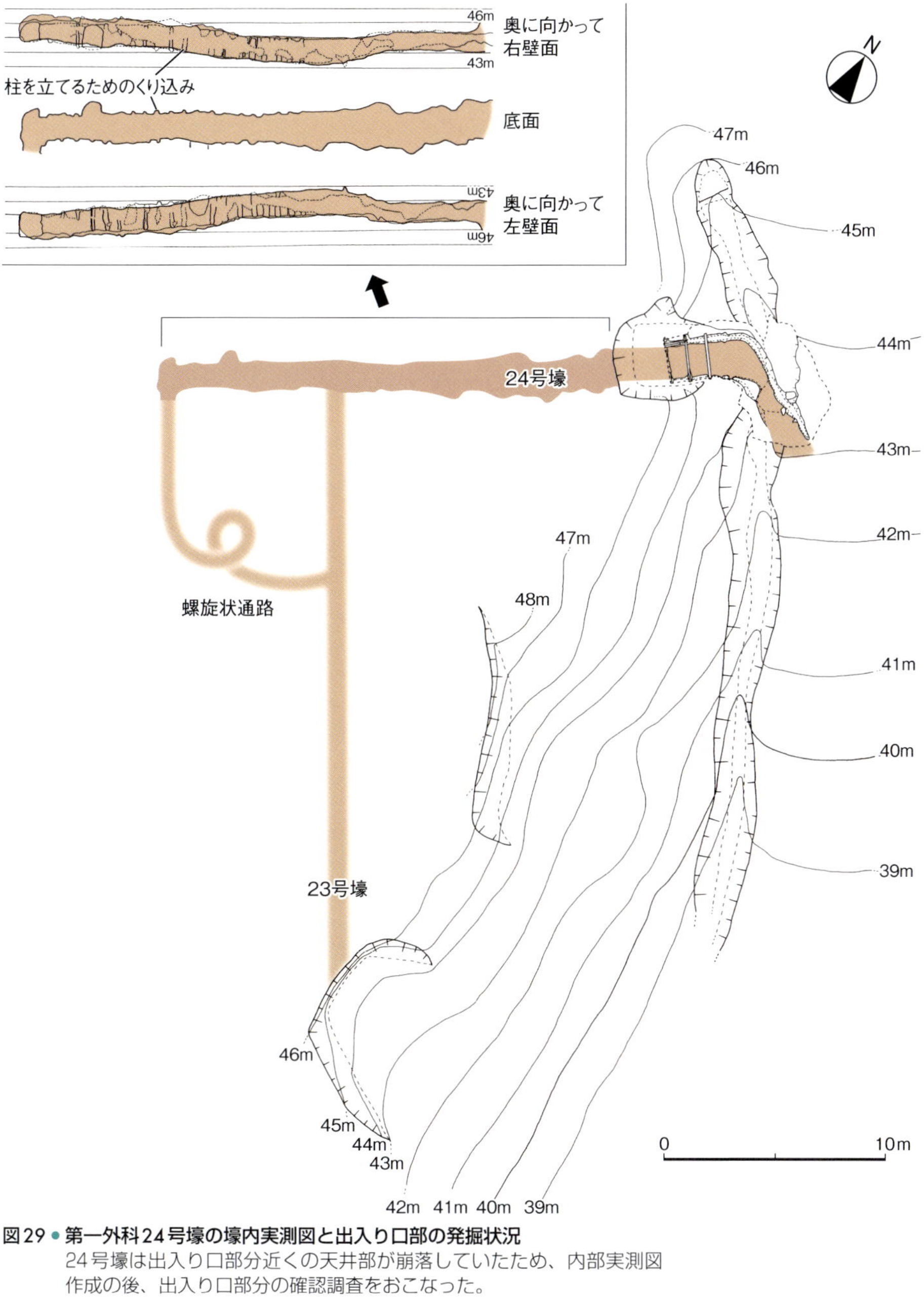


**図 29 ● 第一外科 24 号壕の壕内実測図と出入り口部の発掘状況**
24 号壕は出入り口部分近くの天井部が崩落していたため、内部実測図作成の後、出入り口部分の確認調査をおこなった。

は数段の階段が設けられていた。螺旋状通路は現状でみるかぎり二四号壕の壕奥から二三号壕の天井部へ無理やり連結したようにみえ、当初からの計画的な通路ではなく、設計変更もしくは掘削中の手違いから、現在のような方法でつないだことが推測される。

なお、二四号壕の開口部から約一九メートル入った左壁にも二三号壕との連結部分がある。しかし、二四号壕側から二三号壕へ約二メートル入った部分で埋没しており、螺旋状通路の位置まで入ることはできない。

二三・二四号壕が掘削された尾根の土質はおもにクチャ（泥岩）層の軟質岩盤のため、天井および壁面の崩落が激しい。比較的残存状況のよい部分で計測した二四号壕内の大きさは、床面幅一・八メートル、天井幅一・六メートル、高さ一・八メートルである。壁面にはほぼ九〇センチおきに壕の天井部分に構架する横梁木を支える柱をはめ込むための幅二〇～三〇センチのくり込みがあり、床面の一部には柱を埋め込むための土坑と立てられた柱材が残っている。先に第一外科七号壕に収容された兵士の証言でみたように、壕床面中央には柱を立てて、左右のどちらかの壁面に沿って寝台（ベッド）をつくっていたと考えられる。

壕の天井および床面をみると、出入り口部分から壕奥にむかって平均二度の勾配で高くなっている。これは壕内からの排水のための配慮と考えられる。また、二四号壕の壕奥から開口部へ向けて四メートルほどの位置の右壁面には幅約一・四メートル、奥行き約一メートル、高さ約一・五メートルの小空間がある。これは二四号壕から新たな壕を掘り進めようとした痕跡、あるいはこの小空間をそのまま利用していた可能性が考えられる。

壕内実測調査によって、壕の構造についてはつぎのことがわかってきた。
①壕は基本的に丘陵の尾根筋にむかってほぼ直角に掘り込んでおり、丘陵を貫通して二カ所の出入り口を設けている。
②壕は高さと横幅が約一・八メートルを基準としている。これは壕内両側壁に設けた支柱と支柱の上に横架する梁材となる木材を切りだすときに基準とした長さによる。
③壕内には九〇センチおきに壁面に支柱、天井の梁がある。そして支柱二本分の間隔に合わせて壕床面中央に支柱を一本立て、これと左右どちらかの支柱のあいだに横木を渡して上下二段の寝台をつくっていた。およそ長さ一・八メートル、幅九〇センチの寝台であり、ここに患者を寝かせていた。
④ほとんどの壕は丘陵斜面の両側から掘り進み、中央で連結する手法で掘削しており、排水のために中央連結部の標高がもっとも高くなるように設計されている。

## 折れ曲がった出入り口

二四号壕の出入り口では、床面の上に天井部から崩落した約二メートルの堆積土をとりのぞくと、戸板のような板材があり、その手前から壕床面の構造物と思われる角材や壁面に掘り込まれた柱穴および排水のための溝がみつかった（図30）。溝は壕奥にむかって右側の壁際に沿って幅三〇～四〇センチ、深さ約二〇センチの大きさに掘られ、出入り口にむかって逆「L」字状に折れ曲がって、丘陵斜面の下方約五メートルの位置までつづく（図31）。

したがって、本来の壕の出入り口はこの溝の先端あたりまでのびていたと考えられ、壕の出入り口から壕内を直接のぞきみることはできない構造であったことが知れる。壕の床幅は出入り口部分で約一・五メートル、そこから壕奥側へ折れ曲がった部分から壕奥へ約四メートルまでのあいだは一・八メートルほどである。このことから、壕の出入り口はやや小さめにつくり、壕内へむかう屈曲部からは少し広めにつくっていたことが知れる。

また、出入り口にむかって左側の壁面は、壕を掘削した丘陵斜面の地山を整形して構築しているのにたいして、右側の壁面は壕を掘り込んだ際の掘削排土を盛り上げ、その壁際に排水用の溝を設けた構造となる。逆「L」字形に屈曲した出入り口部分の壁面には横梁材を支える柱穴痕がみられないことから、壕出入り口は露天であり、両壁面の上を横木でおおうなどの擬装が施されていたと推測される。

以上のことから、二四号壕は掘り出しはじめようとする位置の丘陵斜面を垂直に削り出し、ここからトンネル状に掘り進んでいた。垂直に削り出した部分の前方両脇には、掘り出した排土を盛り上げて露天の通路をつくり、その天井部分には周辺の樹木や葛、蔓草、茅などでおお

**図30 ● 完掘した第一外科24号壕出入り口部**
出入り口は丘陵斜面下方にむけて、逆「L」字状に曲げてとり付けられていた。

って、壕のなかがみえないような擬装を施していたと考えられる。また、通路の前方正面にも掘り出した排土を盛り上げて目隠しと爆風が壕内に吹き込むのを防ぐ土山をつくっていたと考えられる。

なお、二四号壕出入り口屈曲部分の盛り土でつくった壁面には、南北方向に細長い長さ約四メートル、幅一・五メートルの不定形の穴の痕跡が認められ、ニービ（微粒砂岩）の岩塊を積んで埋めた後、表面をクチャとニービの混合土で整えて補修した痕跡が認められる（図31）。

二四号壕出入り口には米軍による艦砲射撃の直撃弾があったという聞き取り記録があったことからすれば、この補修部分は直撃弾によって壊れた出入り口部分を補修した痕である可能性が高い。出入り口部分の床面や溝からは爆撃弾の鉄片やビール瓶、板材片など

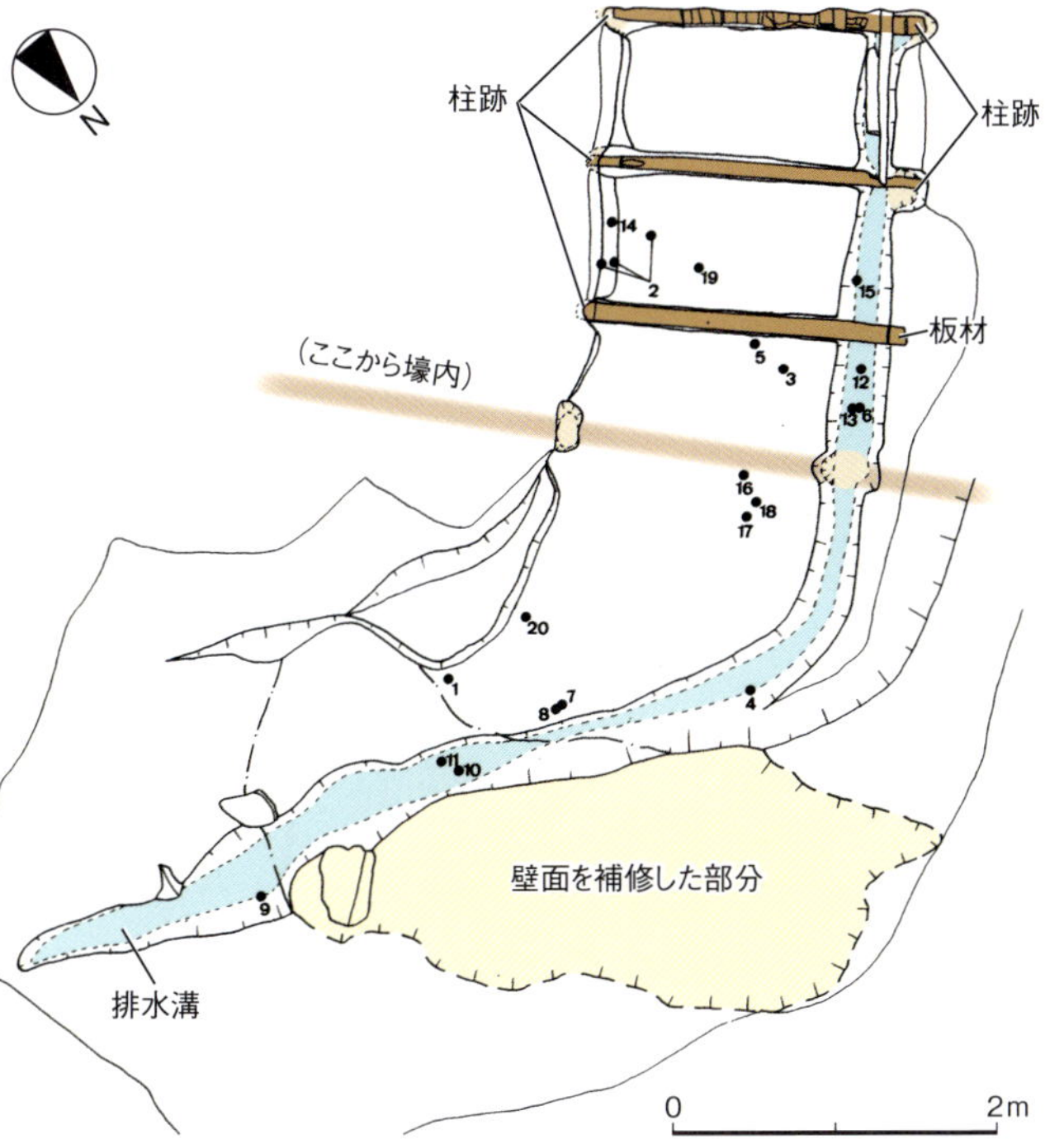


図31●第一外科24号壕出入り口部
出入り口部床面に敷居状の角材を置き、その上に壁面の支柱を立てていた。●の番号は遺物の出土位置を示す。

が出土している（図32）。

発掘作業終了後、二四号壕では出入り口部床面の敷居状角材や戸板状板材を含めて、すべて原位置で埋め戻した。埋め戻し後には調査知見を総合した保存整備活用手法の検討を進める計画であったが、いまだ策定には至っていない。

## 4　当時の様子を伝える壕

### 第二外科二〇号壕

二〇号壕は尾根を貫通して設けられた双方の出入り口周辺が陥没していた。しかし、東側の出入り口天井部分が崩落してできた隙間から壕内へ滑り降りるようにして入ることができたことは第1章でのべた。いったん壕内に入れば、壕内の残存状態は良好で、通行にそれほどの支障はなく、陥没した両出入り口を除いて約五〇メートルの範囲の通行が可能であった。

壕は真っすぐではなく、緩やかなクランク状になっている（図33）。壕を掘削する際に尾根の両斜面から直線的に掘り進んだ後、掘削方向を変更し、中央部分でつないで一本の壕に仕上

図32●第一外科24号壕出入り口部出土の遺物
中央下方は地下足袋の裏底部分、上方には陶磁器、溝にはビール瓶がみえる。ビール瓶は水の運搬に使用された。

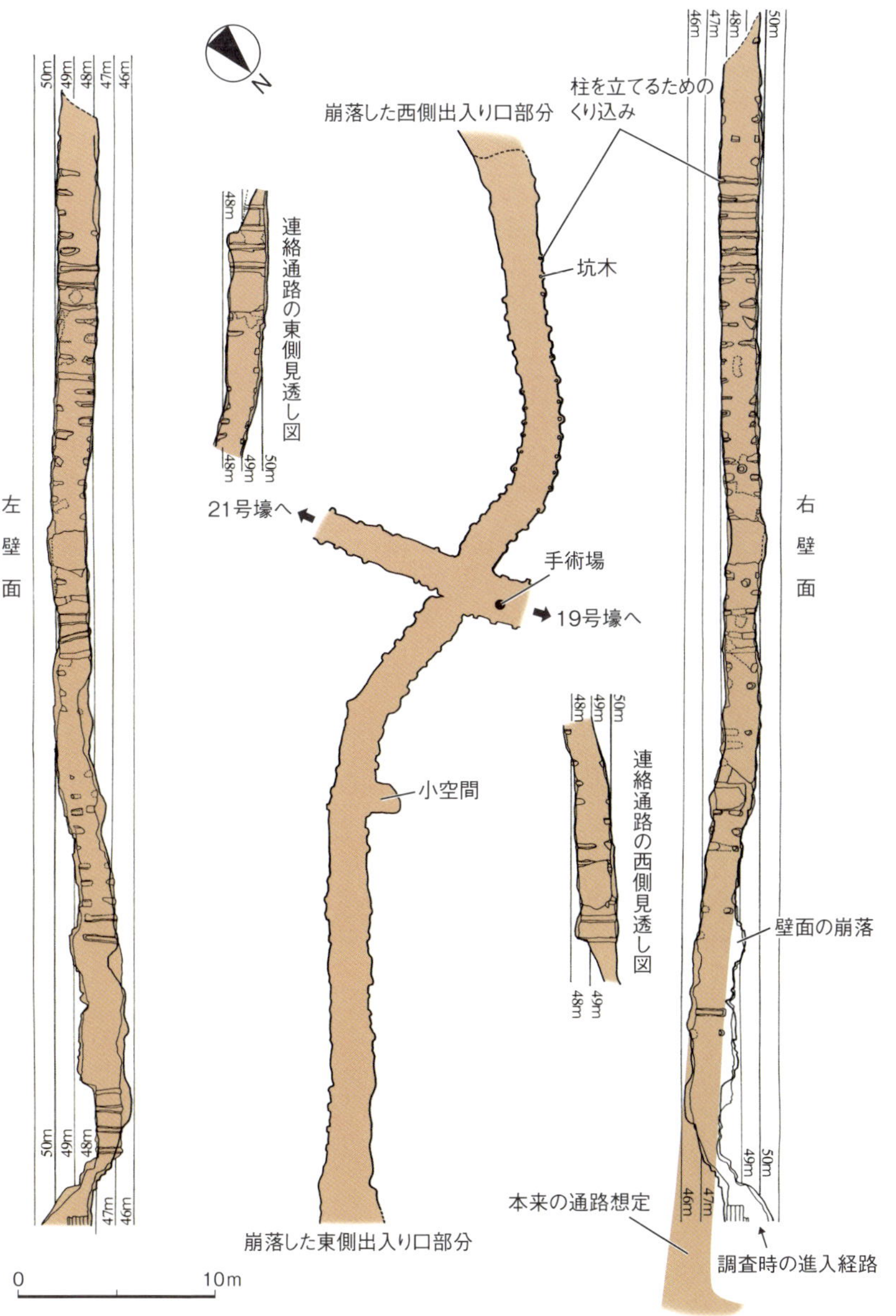


**図33 ● 第二外科20号壕実測図**
20号壕には2つの出入り口があり、東側は崩落が激しく、西側は比較的原形をとどめていた。

げたと考えられる。二〇号壕に平行して掘削された一九・二一号壕とは連絡通路で結ばれており（図27参照）、その連結部分が二〇号壕中央部分に設けられている。

壕内の天井や壁面にはいたるところに剝落や崩落がみられ、なかでも仮の出入り口となっていた東側から、壕内中央部分の連絡通路近くまでの崩落が激しい。これにたいして、壕中央部分から西側の出入り口近くまでは随所に剝落がみられるものの崩落している部分は少ない（図34）。これは壕を掘削した場所の土質のちがいが影響しており、崩落の激しい中央通路から東側の出入り口周辺まではクチャ（泥岩）層、比較的少ない中央部から西側の出入り口周辺まではニービ（微粒砂岩）層であることによる。

崩落の少ない部分での計測値を参考にすれば、壕の基本的な床幅は一・八メートル、天井幅一・八メートル、高さ一・八メートルである。壕内の左右壁面には約九〇センチおきに坑木を立てるための幅二〇センチほどのくり込みがあり、床面に掘り込まれた土坑内に柱の一部が立ち残っているものもある。また柱には平板が打ちつけられた状態で残っている部分があり、壁面には板材でおおわれていた部分があったことを偲ばせる。

## 当時の二〇号壕の様子

二〇号壕はどのように使用されていたのだろうか。二〇号壕の看護担当となったひめゆり学徒隊生徒の一人は、つぎような証言を残している。

「第二十号壕にはいるやいなや、むせるようないぶきと膿の臭気で、気も遠くなるばかりであった。入口に近い通路の片側から二段式の寝台がずっと奥へつづいていて、婦長、看護婦、衛生兵、軍医、治療室、患者という順序で席がとられてあった。

十九、二十、二十一号の三つの壕は貫通壕で、その十字路の一隅が生徒の控室に割りあてられていた。衛生梱包を並べ、その上に戸板を敷き、やっと二十名ほどの寝台がつくられた。

（中略）肩から指先までギブスをまかれている兵隊、気管をやられてたえずピーピーとのどをならす兵隊、胸部を貫通され、呼吸したり話したりするたびに背中の傷穴からジュージューと泡の出る兵隊、脳症を起こして真っ裸になってわめきちらす兵隊、およそ百人近く収容されたうす暗い壕の中で、身の毛のよだつ思いであった」（「比嘉園子の手記」『ひめゆりの塔をめぐる人々の手記』角川ソフィア文庫、六九―七〇頁、中略は著者）

## 壕内での証言聞き取り

壕内実測を進めるなかで、壕の構造や現況を考古学的実測図や写真資料化していったが、吉浜忍さんたち南風原町文化財保護委員会から、この情報を沖縄陸軍病院関係者で

**図34 ● 20号壕の内部**（中央部から西側を望む）
壁面に焼け残った支柱がみえる。通路床に立つ木材は壕内実測用に打ち込んだ2ｍおきの杭。

ある元軍医や看護婦、ひめゆり学徒隊のみなさんに壕内で確認していただきながら、あらためて話をうかがう機会を設けてはどうかと提案された。そこで、体験者の方々に壕内に入っていただき、沖縄戦当時の様子について直接話をうかがうことになった。

元軍医や看護婦、ひめゆり学徒隊のみなさんは、新たにはじまる考古学的調査に期待を寄せ、協力を快諾していただいた。そして、当日は緊張した面持ちで壕内に入り、調査の様子を確認した後、懐中電灯のほの暗い明かりのなかで、調査に参加している学生たちを相手に壕内ですごしたときのことをそれぞれ話してくれた（図35）。

その際、当時看護婦として勤務していた武村初子さんからは、手術の様子についての証言をうかがった。

武村さんによれば、手術を担当していたのは外科から派遣された見習士官三名で、最初のころは麻酔注射をおこなっていたが、のちには麻酔注射なしで手術台に患者を無理やり押さえつけて施術したという。また、施術の際には、ひめゆり学徒隊の女学生にランプを持たせて明かりをとっていた。

しかし、手術の凄惨さに思わず後ずさりする学生にたいして、「女学生、前へ」という叱責が

**図35 ● 20号壕内で体験者の話を聞く**
沖縄陸軍病院の元軍医（見習士官）、看護婦、ひめゆり学徒隊の方々の話を壕内で聞く経験は、調査に参加した学生たちに大きな衝撃をあたえた。

くり返され、ついには業を煮やした見習士官が「こんなところで手術ができるか」と怒鳴りながら武村さんに手術ナイフを投げつけたこともあったという。

こうした話の内容には時空を超えた緊張感があり、話題にのぼった出来事がいま、壕のなかで起こっているような感覚のなかであっという間に時が過ぎていった。

十数名の学生たちは狭い壕のなかで、ひとかたまりになって、身動ぐこともなく、息を詰めながら聞き入っていた。そして、話の後、壕を出た学生たちからは誰となく深いため息が漏れ、みなしばらくは無言であった。

わたしを含め調査に参加した学生たちは、当然、沖縄戦後の生まれであり、話の内容はそれぞれの日々の生活からは大きくかけ離れている。沖縄戦の実際の場所で、さまざまな体験した方々の話を直接うかがうことによって、沖縄戦の疑似体験的衝撃を受けたのである。

学生にとってもわたしにとっても、沖縄戦ではどのようなことが起こったのか、そしてその場所を考古学的に調査することはどのような意義をもつのかについて、それぞれが自己確認する重く貴重な経験であった。このことはわたしたちが沖縄陸軍病院南風原壕群の調査を継続する意志（モチベーション）の原点になったといっても過言ではない。

## 手術場の発掘

二〇号壕内の試掘調査では、手術場を中心とした床面を掘り下げた。作業には、壕外においた発電機からコードを壕内にのばし、蛍光灯や白熱灯を灯しておこなった（図36）。しかし、白熱灯は使用時間が長くなるとともに熱を発し、壕内全体の温度上昇と乾燥の原因となることから、後半からは蛍光灯のみを用いた。天井から吊るさず、床置きの状態で使用したため、掘り下げる部分の視界がよく確保できないこともあった。

　掘り下げに従事した学生は、焼け焦げた天井や壁面からの崩落土と、そのなかに混じった薬のガラス瓶やアンプル剤の破片、ピンセットや注射器などの医療器具の出土を確認していくうちに無口になり、できるだけ同じ調査区内に集まって作業をするようになる。暗い壕内で、沖縄戦の現実を示す資料を発掘しているという緊張感と、どうしても感じてしまう怖さが学生たちに一カ所に集まる行動をとらせるのである。そのたびにそれぞれ割りふられた調査区での作業を進めるように指示しながらも、学生たちの心情が十分に理解できたことは言うまでもない。

　なお、武村初子さんの証言にあった手術場は、二〇号壕と一九号壕を結ぶ通路部分に設けられていた（**図37**）。二〇号壕中心部分の床面よりも二〜三センチ低く、手術台として真ん中から折り畳みできる簡易ベッドを用いていたという。床面からはピンセットや注射器のほか薬剤

**図36 ● 壕内の調査**（第二外科20号壕）
壕外の発電機からドラムリールで電気を引き、ライトや蛍光灯の明かりを頼りに調査をおこなった。

が入っていたガラス製アンプル瓶の砕片が多くみつかった。

## 壁に刻まれた「姜」の文字

天井の壕中央部手術場付近には、収容されていた患者が書いたと考えられる文字が残る。ニービ（微粒砂岩）の天井地肌に線彫された文字は「姜」または「菱」と読める漢字三文字からなる（図38）。武村さんの聞き取り調査では、文字が残されていたあたりの病床の上段には韓半島出身の「ベン（卞?・）」という名前の兵士が収容されていたとのことであり、状況的な関係からすれば残された文字は韓民族の苗字にみられる「姜」とも考えられる。しかし、沖縄県援護課がまとめた沖縄戦戦没者名簿に「ベン（卞?・）」という名前はみあたらない。

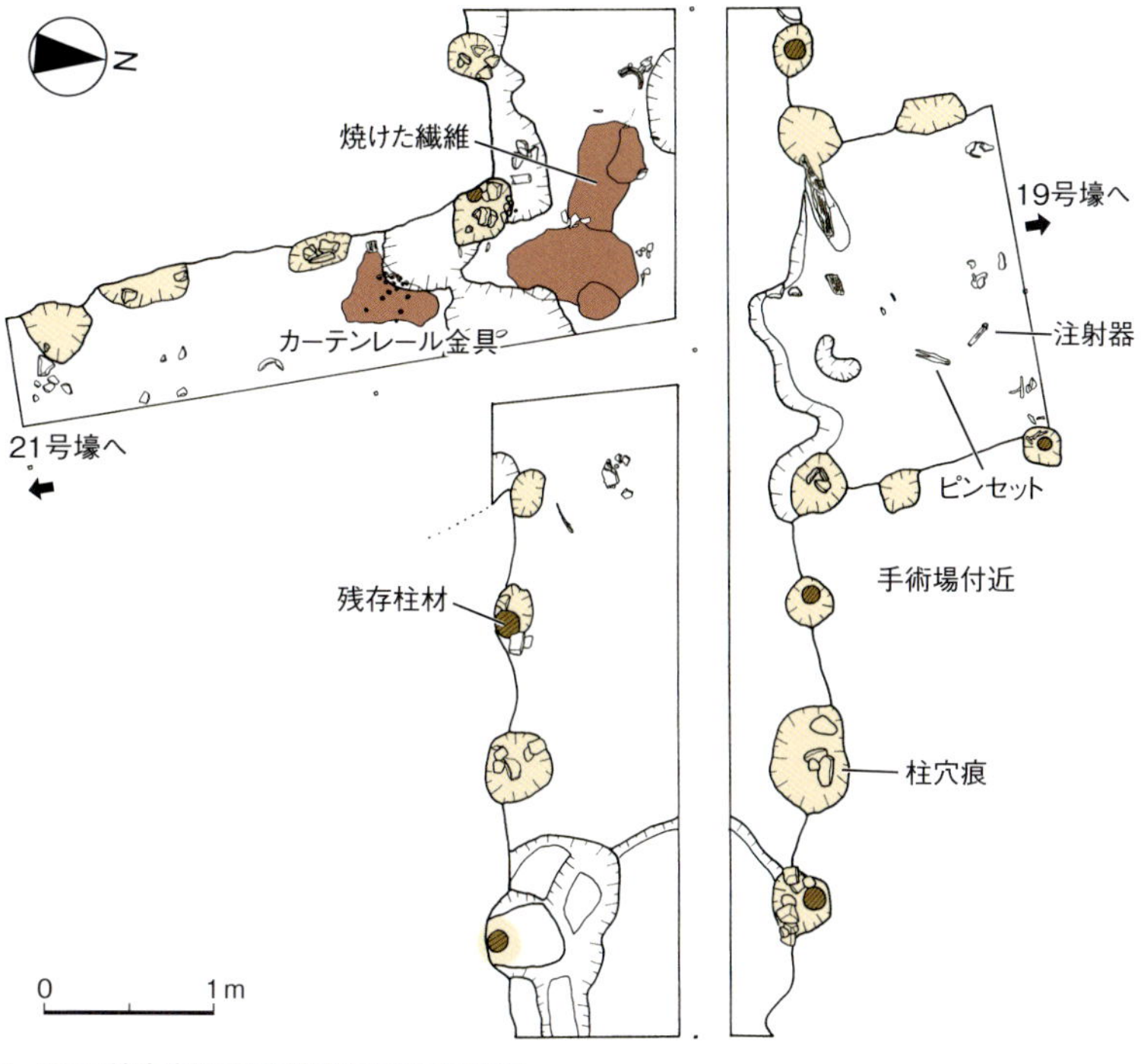


**図37 ● 20号壕中央部の手術場付近の試掘状況**
床面のほとんどは遺骨収集の際に掘り抜かれており、一部にのみ沖縄戦当時の様子をとどめていた。

## 壕内で火災？

手術場があった壕内中央通路から西側出入り口部分までのあいだは、遺骨収集による床面の掘削が激しく、なかには壕使用時の床面を掘り抜き、その下の地山まで掘り込んだ部分がみられる。このため、壕使用時の床面はほとんど残っておらず、壕構築時に掘り込まれた壁面近くの柱穴がかろうじて確認できる状態である。

堆積土中からは遺骨収集時にとり落としたと考えられる薬剤瓶や医療器具の破片、防毒マスクのレンズ部分、さまざまなボタン、金具、銃弾、銭貨、乾電池残骸、茶碗や一升瓶、ビール瓶の破片、万年筆、ナイフ、鉄釘などが散乱した状態で出土する。

二〇号壕内の床面に堆積した土は基本的に天井や壁面の崩落土である。堆積土は薄い部分で約一〇センチ、平均して二〇～三〇センチある。堆積土の最上層には天井や壁面の崩落土や壕外からの流れ込み土があり、とり除くと焼けた繊維製品や木材、ガラス瓶などの遺物を含む焼土層があらわれる（図39）。ガラス製品のなかには焼けて変形した瓶類が多く認められ、壕内で火災が起こったことが知れる。

**図38● 壕内の天井に刻まれた「姜」の文字**
ほぼ同じ筆致で「姜」あるいは「菱」の3文字がのこされていた。

焼土層の厚さは一～二センチから数センチあり、壕からの撤退後、壕内で火災が起きたときに堆積したと考えられる。これは米軍の火焔放射器による攻撃の可能性が高い。

## 戦後の遺骨収集による攪乱

その下には、粘質が強く踏みしめられて汚れたクチャ（泥岩）土とニービ（微粒砂岩）土が混ざった層が広がる。ここは沖縄戦で壕を使用していた時期の床面と考えられる。この壕使用時期の床面をさらに掘り下げると、坑木を埋め込むための壁際の土坑や、掘削によってできた凸凹がある岩盤面が確認できる。この面は壕を構築したときの作業面と思われる。

これらをみると、壕内の床面には下から、①壕構築時の掘削面、②壕使用時の床面、③壕内で火災が起こって焼け落ちた際の崩落土による堆積層、④沖縄戦後、しだいに流入し堆積した埋没層、の四層が確認できることになる。

しかし、発掘調査してみると、先述したように、壕内の大部分で堆積層の順に関係なく、最上層から岩盤面まで一気に掘削した痕跡が確認される。これは戦後の遺骨収集作

**図39 ● 20号壕内の発掘状況**
床面には焼け落ちた天井や壁面の焼土とともに、焼けた病床（ベッド）の部材や遺物が散乱していた。

業で遺骨や遺品を探して無作為に掘り下げた痕跡である。

掘り返された穴のなかに再堆積した土には、ボタンや銭貨をはじめ多くの遺物が混じっている。もとは壕使用時の床面近くにあったが、遺骨収集の際にとり落とされたと考えられ、本来の残存位置やほかの遺物との関係などについてはまったく確認できない。

わたしたちの発掘調査では、これらの遺物について出土位置を記録したうえでとり上げたが、遺骨収集の際に考古学的な手法を用いてこれらの遺物をとり上げていれば、壕内でおこなわれていた医療活動時や南部撤退後の壕に関する詳細な情報が得られた可能性が高い。今後、戦争遺跡を文化財としてとり扱う際に、教訓としなければならない遺骨収集の問題点である。

## 出入り口の擬装

二〇号壕の東側出入り口部分で、壕出入り口の構造を確認するため、遺骨収集の際に掘削された陥没が残る位置を掘り下げた。その結果、東側出入り口の通路壁面の盛り土は壕掘削の際に掘り出した排土を積み上げて構築したことが明らかとなった（図40）。

出入り口部分の床面の幅は約一・八メートルで、床土はかなり踏みしめられて汚れている。なお、出入り口部分には壕内にみられた壁面に沿った支柱を立てるための土坑は認められない。このことからすれば、東側出入り口部はトンネル状ではなく露天であり、擬装が施されていたと推測される。

想定される壕出入り口部分から約四メートル入った床面には、壁面と直行する溝が掘られ、敷居状の木材がおかれている。この部分から五〇センチ前方では、壕床面の高さが一〇センチほど低くなっており、壕奥にむかって幅二〇～三〇センチ、深さ一〇センチの排水溝と思われる溝がある。敷居状の木材を配置した位置の標高は四五・八メートルであり、ここから現在の仮の東側出入り口までの距離は約五メートルある。おそらくこの区間は丘陵斜面を掘り込んだトンネル構造の通路であった可能性が高い。

なお、後述する一七号壕の構造を参考にすれば、壕出入り口の前方には目隠しとなる盛土をつくり、壕への出入りは盛土の左右からまわり込むようにつくられていたと考えられる。しかし、二〇号壕では、この前方盛土が遺骨収集の際に重機で削りとられており、確認することは

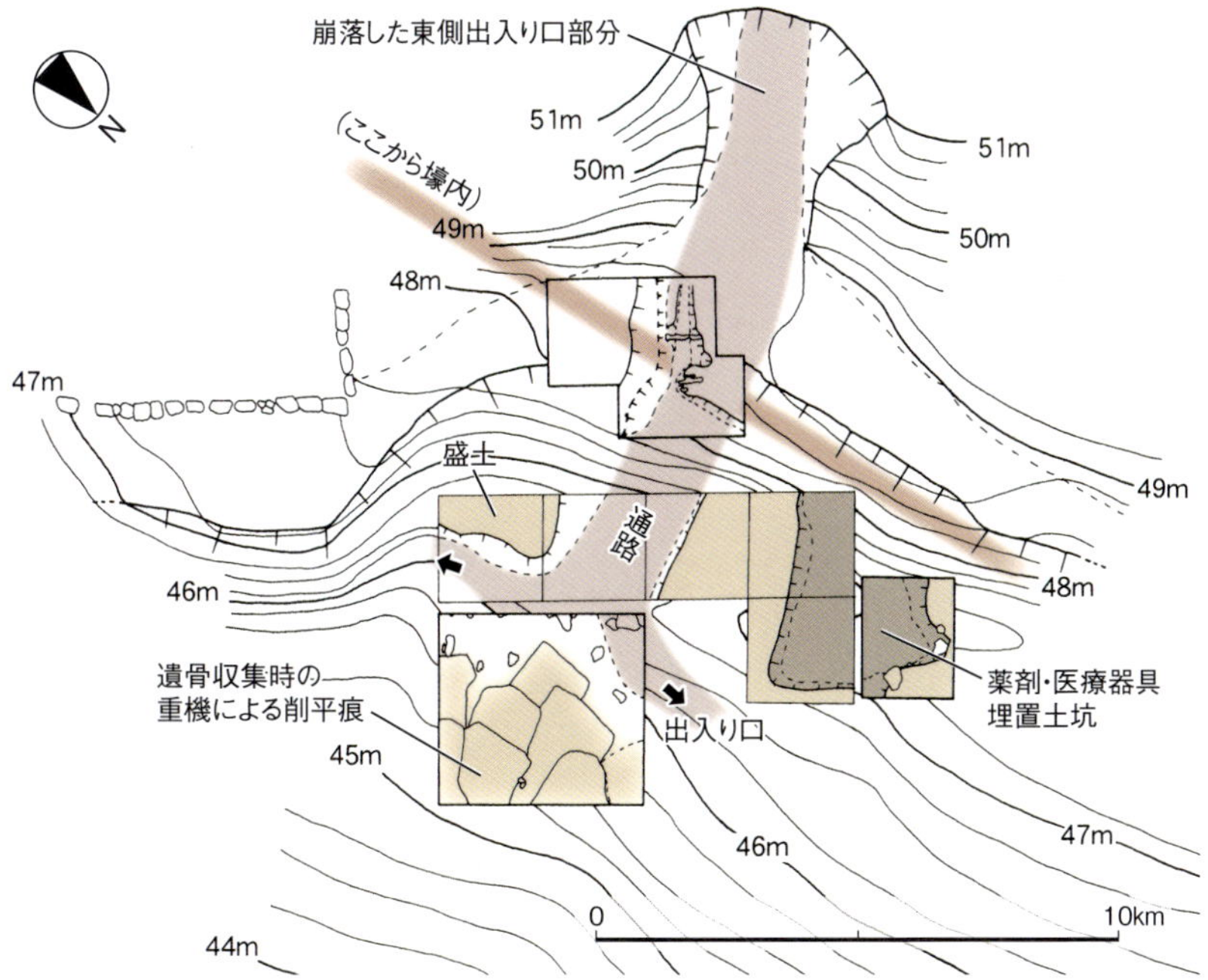


**図40 ● 20号壕東側出入り口部**
大きく崩落しており、本来の出入り口は約10m前方（図下側）に位置していた。

できなかった。

東側出入り口通路の北側の盛土には長径約二メートル、短径約一・五メートル、深さ約一メートルの土坑が掘り込まれており、内部から大量の薬剤や医療器材が埋められた状態で出土した（**カバー写真参照**）。

薬剤は二〇〇点以上あり、消毒液、ヨードチンキ、生理食塩水、ブドウ糖液などと、ガラス容器に入っているため内容物が確認できない注射薬がある。医療器材には顕微鏡、血液型検査用具、注射器、注射針、洗面器、ゴム管などのほか、石鹸箱やガラス製手鏡、軍隊手帳、水筒などの私用品と思われるものがある。南部撤退に際して持ち運べなかった資材を埋置したと考えられる。しかし、関係者からの聞き取りや戦史記録には、撤退に際して薬剤などを埋置した記録は認められない。

**図41 ● 20号壕西側出入り口部の完掘状態**
床面の奥左手に壕内からつづく排水溝、中ほどに集水枡の穴があり、通路右手には小空間がある。手前の床面には重機による爪痕が残る。

## 西側出入り口

二〇号壕の西側出入り口には、奥行き約五メートルにわたって天井が崩落した部分があり、その前に壕内から掘り出した土を盛り上げて構築した通路が約四メートルにわたって確認された（図41・42）。

天井が崩落した部分の床面幅は約一・八メートル、これにたいして天井が残るトンネル状部分の床幅はやや広く二・一メートルである。天井が崩落した部分にくらべて、天井の残る壕内は少し幅広につくられていたことを示す。また、天井が崩落した部分の床面中央部分には坑木を立てた痕跡がないので、壕口から奥へむかう五メートルほどの壕内には病床の寝台を設けていなかったことが知れる。

この部分の壕奥へむかって左側の壁際には、幅、深さともに約六センチの排水溝がある。この排水溝が壕口近くまでのびた部分に直径三〇センチ、深さ二〇センチほどの円穴が掘られており、集水枡と考えられる。排水溝のなかか

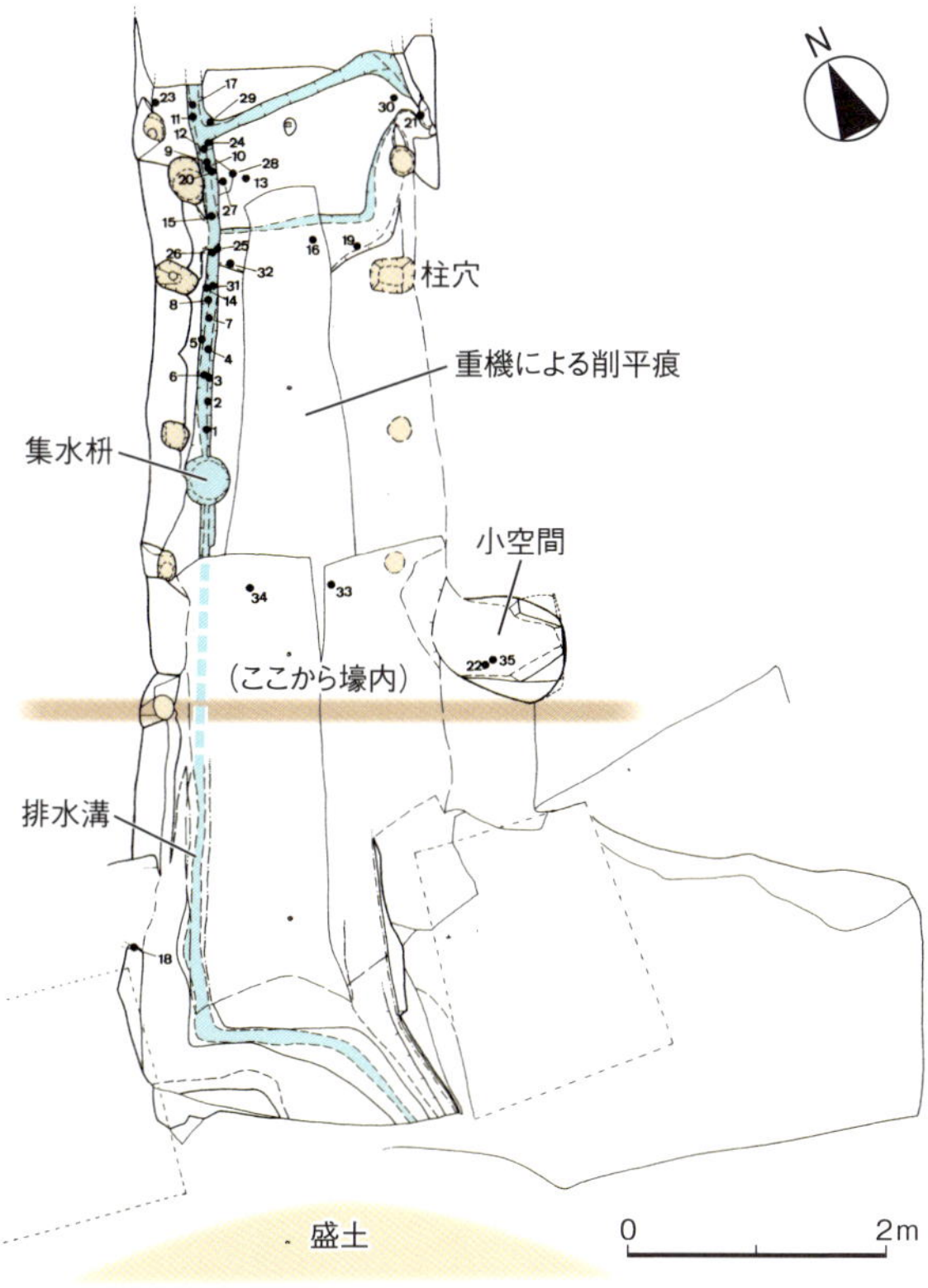


**図42 ● 20号壕西側出入り口部**
検出した床面の北半分はトンネル状、南半分は排土の壁をもつ露天通路部分であったと考えられる。●の番号は遺物の出土位置を示す（図43参照）。

らは未使用のものを含む長さ五センチほどのアンプルに入った薬剤が十数本出土した（図43）。

壕口から外に出た位置の壕奥へ向かって右側の通路壁面には奥行約一メートル、幅約六〇センチの小空間がある。発掘の際、床に石灰の塊があったので、便所か屎尿を入れるための桶を置く場所の可能性を想定した。しかし、聞き取り記録などにはそのような施設の存在を確認できない。

天井がなく、両脇を盛土による土手でつくられた通路は遺骨収集の際に重機によって掘削されている。このため床面も壁面もかなり削りとられているが、ほぼまっすぐに四メートルほど

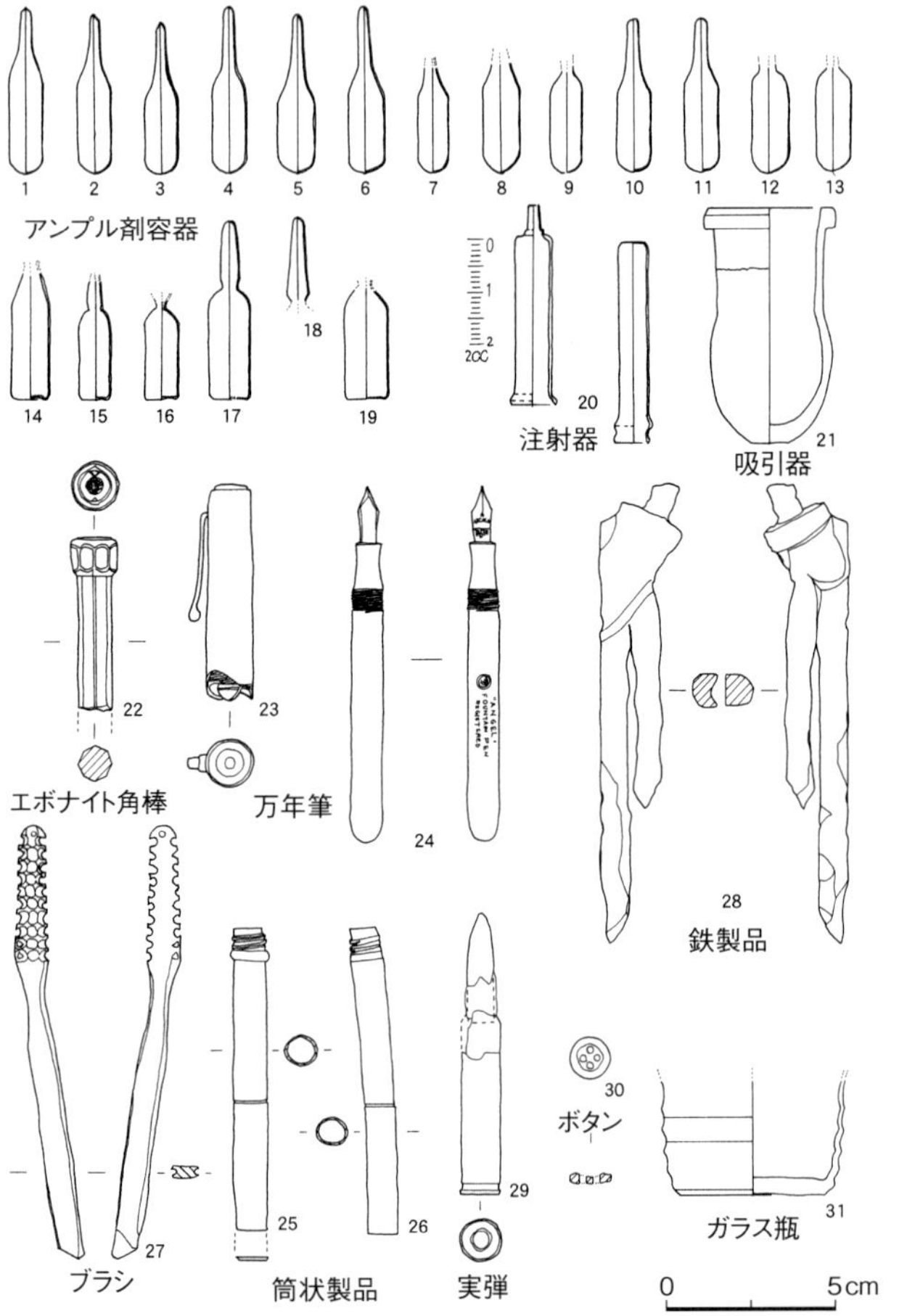


**図43 ● 20号壕西側出入り口部出土の遺物**
床面に設けられていた排水溝を中心に、アンプル剤などが多く出土した（図42に出土位置を示してある）。

続いて出入り口の前の盛土にぶつかり、そこから南に曲がって壕外に出る構造になっている。南に曲がる通路部分の床幅は五〇〜六〇センチで、おそらく逆台形の溝状になると考えられる。同様の通路は盛土の北側にもあった可能性があるが、確認することはできなかった。

以上の結果、二〇号壕はトンネル状の部分の長さが約七〇メートルの壕である。尾根を貫通して構築しており、双方の出入り口には壕掘削時の排土を盛りあげてつくられたそれぞれ約五メートルの長さの土手状両壁をもつ通路があった。この通路部分の天井は木材などを用いて擬装し、通路正面には目隠しと爆風避けのための盛土が施されていた。全長は八〇メートルを超える規模となり、計画的な設計にもとづいてつくられた壕であったことが知れる。

なお、調査後、二〇号壕では発掘成果を踏まえた復元修復工事をおこない、公開している。

## 5　そのほかの第二外科の壕

### 一七号壕

一七号壕は第二外科壕群のなかで一基だけやや離れた場所にある（図22参照）。黄金森丘陵の頂部近くの斜面に約一五メートルの縦長陥没とその前の直径八メートル、高さ一・五メートルほどの土饅頭状高まりがあったことから試掘調査をおこない壕であることを確認した（図44）。

土饅頭状高まりの中央に打った基準杭から陥没にむけて一〇〜一二メートルの位置を掘り下げたところで壕の両側壁と床面を検出した。地表面から床面までの深さは約二・五メートルで、内部には左右から流入した五層の堆積層がみられる。

確認した壕床面には天井を支える柱を立てるための壁際の土坑が確認できないことから、この部分は露天状態の通路であり、天井には擬装を施していたことが推測される。

土饅頭状高まりは、壕の掘削の際に掘り出した排土を用いてつくりだしている。壕出入り口の正面に設けられており、壕内へは左右からまわり込んで入る構造となる。調査時の土饅頭状高まりの高さは約一・五メートルであったが、本来はもっと高く、壕出入り口が完全にみえない高さまで盛り上げられていたと考えられる。土饅頭状高まりから壕内へまわり込むための通路幅は床面で約一メートルである。

## 一八・一九・二一号壕

一八号壕は、一九〜二一号壕の東側出入り口が設けられた丘陵斜面にならんで配置され、一九号壕出入り口の北側約二〇メートル、一七号壕の南側約五〇メートルに位置する。

試掘確認調査では表土を約一〜一・五メートル掘り下げて、壕の通路壁面を確認した。確認面での壕幅は約一・八メートルで、そこから約八〇センチ掘り下げた標高五三・五メートルの位

**図44 ● 17号壕の試掘調査状況**
手前の高まりが壕出入り口前方の盛土、後方に17号壕の通路部分に設けた調査グリッドがみえる。

置に幅約七〇センチの床面がある。壕確認面での上面幅と床面幅が異なり、通路断面形は逆台形状をなす。沖縄陸軍病院南風原壕群でのこれまでの調査で確認した壕通路には類例のない構造である。当然、床面に天井を支える柱穴は認められない。

一九号壕では、東側出入り口と丘陵反対側の西側出入り口双方を確認した。東側出入り口は二〇号壕東側出入り口の北側約一五メートルの位置にあり、地表面から約二メートル掘り下げたところで床面の一部を確認した。

床面幅は約二メートルで、南側では約一メートル、北側では約二〇センチの壁面が残る。床面には折った樹木が乱雑に埋め込まれており、重機によって床面近くまで掘り下げ、その後、一気に埋め戻されたことが知れる。

なお、一九号壕では遺骨収集がおこなわれた記録があり、床面近くからガラス製アンプル剤やその破片、ガラス瓶片、万年筆、鉄製金具、陶器片などが出土する。これらは遺骨収集の際にとり落とした遺物と考えられる。

西側出入り口は地表面から一メートルほど掘り下げたところで、西側に地山、東側に堆積層が認められた。堆積層をさらに約一メートル掘り下げた位置に木材がならんでいるのがみつかり、ここが床面と推定されたが、湧水によって調査が難しい状況となったため、それ以上の掘り下げはおこなわなかった。

検出した壕の壁面は一九号壕を掘り込んだ丘陵と平行する方向につくられており、西側出入り口は出入り口部分を「L」字状に折り曲げてとり付けていたことが知れる。

二一号壕の東側出入り口と西側出入り口の調査もおこなったので、その調査結果を記しておく。

東側出入り口では壕奥にむかって一・五メートルの高さで残る右側の壁面がみつかった。壕床面の標高は約四四メートルで、堆積土内からは爆弾片や銃弾片、ボタン、陶器片などとともに、戦後沖縄に持ち込まれたアフリカマイマイの殻が出土した。

このことから東側出入り口部分は戦後しばらくの間、床面が露出した状態となり、その後しだいに埋れていったことが知れる。調査区内の床面には天井を支える坑木を埋める土坑が認められないことから、検出部分はトンネル状ではなく、露天の通路部分と考えられる。

一方、西側出入り口については、東側出入り口床面の標高が約四四メートルであったことを参考にして、標高四五〜四六メートルあたりの場所を選んで調査した。表土から約一〜二メートル掘り下げると壕通路の壁面上端があらわれ、そこからさらに掘り下げた標高四三・五メートルの位置に床面がある。

床面の幅は約二メートルで、床平面に天井を支えるための柱を立てるための土坑はない。やはりこの部分はトンネル状の壕内ではなく、通路部分であると考えられる。そこで、確認した壕通路周辺地形をみると、後方丘陵斜面に沿った陥没がみられ、二一号壕である可能性が高い。二一号壕とすれば確認した西側出入り口通路は二一号壕に対して直角方向をむいており、二一号壕の出入り口は一九・二〇号壕西側出入り口と同様に「L」字形に折れ曲がってとり付けられていたことが知れる。

# 第５章　沖縄戦を未来に伝える

## 1　壕の公開と見学の試み

### 「学びの場」「祈りの場」「憩いの場」に

一九九六年春、「南風原陸軍病院壕保存・活用調査検討委員会」は『南風原陸軍病院壕―保存・活用についての答申書―』を南風原町に提出した。答申書には壕群で実施した考古学的調査成果が随所に反映されており、病院壕群保存活用の基本理念として、「壕の文化財としての価値」、「次世代への沖縄戦継承」、「戦没者の慰霊と平和の祈念」を掲げ、具体的な基本方針として陸軍病院壕群を「学びの場」、「祈りの場」、「憩いの場」にすることが提起された。

また、基本理念と基本方針をふまえた保存・活用計画では「点」（壕）と「線」（壕を結ぶ道）、「面」（壕群が分布する黄金森丘陵一帯）の整備が提案された。とくに「点」（壕）については、第一外科二四号壕と第二外科二〇号壕を中心とした保存と整備が盛り込まれた。その際、両壕については壕内に入るのでなく、出入り口から内部をのぞく方法で見学すること、また調査で確認した各壕を結ぶ回遊通路を設けるとともに、黄金森丘陵に分布する壕以外の文化財や自然を活用することも提案された。

### 壕内に入って追体験する公開へ

この答申を受けて南風原町では、一九九七年にあらためて「南風原陸軍病院壕群整備検討委員会」を設置した。新たな委員会では先の答申の作成にかかわった委員に加えて、南風原町助役と教育長および文化財保護委員長、そして黄金森運動公園を担当している都市計画課職員が参加し、答申の具現化のための計画を策定することとなった。

同委員会の活動は結果的に七年にわたり、二〇〇三年に『南風原陸軍病院壕―整備・公開についての答申書―』が南風原町に提出された。この答申書では、さきの答申にかかげた方針を尊重しつつも、二〇号壕については壕内に入って追体験する方針への転換が図られた。これは当時の金城義夫町長の「壕のなかを通すことに意義がある」という考え方にしたがったものであった。また、二四号壕については当初の提案どおり、出入り口から壕内をのぞき込む整備手法が盛り込まれ、そのほかの壕については現状での保存と活用を図ることが提案された。

### 二〇号壕の復元整備と南風原平和ガイドの会の発足

新たな答申書にもとづき、二〇号壕では壕内に入って追体験する復元整備をおこなうこととなった。しかし、二〇号壕は二つの出入り口周辺が崩落しているため、双方の出入り口部分を復元することが必要であった。また、壕の東側半分は崩落が激しく、西側の半分は比較的良く残存している状態であり、場所によって大きく異なる壕内劣化状況への対応を考えなければならなかった。そこで、二〇号壕の西側はできるかぎり現況のまま公開すること、東側ではかなりの保全工事をおこなって見学者の安全を確保する方針が決定された。

この方針にもとづき新たに南風原町による発掘調査が二〇〇六年におこなわれ、これまでの琉球大学考古学研究室による調査成果を加えた復元整備工事施工計画が策定され、二〇〇七年六月の公開にむけた保存工事が開始された。

一方、南風原文化センターでは壕を広く活用するための核となる人材を育成することを目的として、二〇〇七年一月に「南風原平和ガイド養成講座」を開講した。これは病院壕群をふくむ「文化財は地域の財産であり、住民一人一人が関心を持ち、守り、語り継ぎ、活用していくべきである」という理念にもとづいている。理念に賛同した多くの受講者があり、最初の講座が終了した同年四月には、講座受講修了者による「南風原平和ガイドの会」が発足し、二年後の二〇〇九年九月にはNPO法人となった。現在、「南風原平和ガイドの会」では二〇号壕のガイド活動を中心として、南風原内に分布する文化財の保存活用や文化振興を目的とするさまざまな活動にとり組んでいる。

また、並行して二〇号壕の見学は一回につき一〇人以下の小グループ単位とし、必ずガイドの案内にしたがって壕内に入ること、入る際にはヘルメットを着用し、それぞれが持った懐中電灯の光のなかで見学すること、見学は予約申し込みを必要とすることなどの壕内見学のルールづくりも進められた。

## 二〇号壕の公開

二〇〇七年春に二〇号壕の復元整備工事が終了し、六月一七日に二〇号壕見学の際の入り口となる西側出入り口側に設けられた覆屋の前で公開式典がおこなわれた（**図45**）。土砂降りの雨の中でおこなわれた式典には元沖縄陸軍病院の関係者、ひめゆり学徒隊の方々をはじめ、町役場職員を含めた参加者があった。式典では南風原町長が「二〇号壕の公開を契機とし、戦争を追体験し、命の尊さを知る平和教育の場として全国に発信する」と決意と抱負を述べた。

二〇号壕の公開は南風原町文化財保護委員会による第一・第二外科壕群の町文化財指定から一七年、「南風原陸軍病院壕保存・活用調査研究委員会」の設置から一五年、考古学的調査の開始からは一三年が経過していた。戦争遺跡をどのように調査し、その成果をどのような手法で公開・活用するのか、さまざまな試行錯誤を重ねたうえでたどり着いた公開の日であった。

**図45 ● 20号壕見学の入り口**
発掘調査の成果をふまえ、入り口には壕内の温・湿度を保つための二重扉が設けられている。

## 2　これからの南風原壕群

### 二〇号壕公開後の歩み

公開以来、二〇号壕にはこれまで年間約一万人の見学者が訪れている。その内訳は地元南風原の住民が約一割で、町外からの訪問者がほぼ九割を占める。いつでも自由に見学できるわけではなく、事前の予約やガイドの随行などの規則を設けた公開手法のなかでの見学者数としては多いと考えてよいのかもしれない。

その一方で課題もある。考古学的調査によって確認したすべての壕について、案内板や説明板が完備されているわけではない。なかでも黄金森運動公園に整備された散策のための園路から離れた壕のなかには、調査後ほとんど手つかずのまま置かれ、周辺に繁茂した草木によって簡単には位置がわからないだけでなく、近づくことが困難になった壕もある。

また、二〇号壕の整備と並行して、出入り口から内部をのぞくことを計画していた第一外科二四号壕では、出

**図46 ● 24号壕の現状**
24号壕は壕出入り口部分の崩落が進み、壕内をのぞくこともできなくなっている。

入り口部分の崩落がさらに進み、内部をのぞくことすらむずかしい状況になっている（図46）。二〇号壕の公開をピークとして壕群全体にたいする行政的なとり組みが尻すぼみ状態となり、いつのまにか二〇号壕のみが突出した存在になってしまったとも言えなくもない。

## 二〇号壕の劣化への対応

また二〇号壕では、二〇〇七年の公開以来一〇年が経過し、内部では壁面や天井の剝離、亀裂の拡大、壁面からの樹根の伸張などが顕在化してきた。

二〇号壕の公開に際しては、公開することによって壕の劣化は避けられないという認識をもちつつも、平和教育の場として利活用することが戦争遺跡の文化財的価値の認知につながるという視点を優先して公開にこぎつけた経緯がある。したがって、壕の劣化が起こることは当初から予測したことであり、これを防ぐには壁面や天井の剝離、亀裂の拡大、樹根の伸張を止める根本的対策が必要である。しかし、現実的な対応は技術的、予算的問題があって、かなりむずかしい状況にある。

## これからの沖縄陸軍病院南風原壕群

沖縄陸軍病院南風原壕群について南風原町では、今後も公開と活用を図っていくことを基本方針としている。そのためには壕群の継続的な調査研究活動の蓄積や現状変化の把握が必要である。しかし、二〇号壕が公開された二〇〇七年以降、壕群での考古学的調査はほとんどおこなわれなくなるとともに、二〇号壕以外の壕の具体的保存活用策は進んでいないことは否めない。

そこで、二〇一九年三月、南風原町文化財保護委員会は教育長にたいして、文化財や土木、地質の専門家の調査検討をふまえた二〇号壕の公開活用ならびに壕群と黄金森周辺戦跡活用についての新たな答申書を提出した。そのなかには壕の劣化に関する観察データの取得を継続的に進めるとともに、今後の保存と公開のあり方について検討する部会を設置すること、天井や壁面の剝落や亀裂に対しては接着剤を用いた対処措置をとることが盛り込まれている。また、二〇号壕だけでなく黄金森公園全体を活用した多様な平和学習コースや自然コース、民俗コースなどを設けること、そのための園路や案内板、説明板などを設置することも提言された。

現在、戦争体験者は急速な勢いで減少し、体験者によって沖縄戦を含む戦争の実態を直接的に伝える機会は失われつつある。このことが戦争の実態を伝える場としての戦争遺跡と、これを活用した平和学習手法の役割を高めていることは衆目の一致するところである。

しかし、戦争遺跡がその役割を果たすためにはもう一度、戦争遺跡の内容をつぶさに調査、記録化し、これを公開するとともに、広く伝える手法を確立することが不可欠である。沖縄陸軍病院南風原壕群における考古学的調査と研究は、これを実践するための模索の過程であったし、いまもその途上にあると言える。本書を通じてこれまでの動きを再確認するとともに、そのことが新たな戦争遺跡調査研究と公開活用のための試金石の役割を果たすことになれば幸いである。

## 参考文献

防衛庁防衛研修所戦史室　一九六八『戦史叢書　沖縄方面陸軍作戦』
仲宗根政善　一九八二『ひめゆりの塔をめぐる人々の手記』角川ソフィア文庫
沖縄県南風原町教育委員会　一九八四『南風原町沖縄戦戦災調査一　喜屋武が語る沖縄戦』
沖縄県南風原町教育委員会　一九八五『南風原町沖縄戦戦災調査二　兼城が語る沖縄戦』
南風原町教育委員会　一九八七『南風原陸軍病院』
長田紀春・具志八重編　一九九二『閃光の中で―沖縄陸軍病院の証言―』ニライ社
南風原文化センター　一九九五「戦争遺跡（壕）の保存活用を考える」『南風原町平和ウィーク』（沖縄戦五〇周年事業記録集）
南風原陸軍病院壕保存・活用調査研究委員会　一九九六『南風原陸軍病院壕―保存・活用についての答申書―』
南風原町　一九九九「南風原が語る沖縄戦」『南風原町史　第三巻』（戦争編ダイジェスト版）
南風原町教育委員会　二〇〇〇『南風原陸軍病院壕群Ⅰ』（南風原町文化財調査報告書　第三集）
南風原町役場　二〇〇二「むかし南風原は」『南風原町史　第五巻（考古編）』
池田榮史　二〇〇二「沖縄戦における民衆と日本軍隊・アメリカ軍隊」国立歴史民俗博物館監修『人類にとって戦いとは四　攻撃と防衛の軌跡』東洋書林
南風原陸軍病院壕群整備検討委員会　二〇〇三『南風原陸軍病院壕―整備・公開についての答申書―』
南風原町教育委員会　二〇〇八『南風原陸軍病院壕群Ⅱ』（南風原町文化財調査報告書　第六集）
ひめゆり平和祈念資料館　二〇〇四『ひめゆり平和祈念資料館ガイドブック（展示・証言）』
吉浜忍・大城和喜・池田榮史・上地克哉・古賀徳子　二〇一〇『戦争遺跡文化財指定全国第一号　沖縄陸軍病院南風原壕』高文研
南風原町文化財保護委員会　二〇一九『沖縄陸軍病院南風原壕群および黄金森周辺戦跡活用について・沖縄陸軍病院南風原壕群二〇号現況調査について（答申書）』

### 南風原の戦争遺跡に関する関連文献

沖縄県立埋蔵文化財センター　二〇〇一年『沖縄県戦争遺跡詳細分布調査（Ⅰ）―南部編―』（調査報告書　第五集）
沖縄県立埋蔵文化財センター　二〇一五『沖縄県の戦争遺跡―平成二二～二六年度戦争遺跡詳細確認調査報告書―』（調査報告書　第七五集）
南風原町教育委員会　二〇〇八『第三二軍司令部津嘉山壕群・津嘉山北地区旧日本軍壕群』（南風原町文化財調査報告書　第七集）
南風原町教育委員会　二〇一〇『津嘉山北地区旧日本軍壕群Ⅱ』（南風原町文化財調査報告書　第八集）
南風原町教育委員会　二〇一八『与那覇グスク』（南風原町文化財調査報告書　第九集）

## 沖縄陸軍病院南風原壕群

・沖縄県島尻郡南風原町喜屋武

黄金森に第一外科壕群・第二外科壕群が保存されている。かつての「飯上げの道」が整備されて歩くことができ、「南風原陸軍病院壕趾」碑や「悲風の丘」碑、24号壕入り口などを見ることができる。また20号壕内を公開している。

## 第二外科20号壕公開

・公開時間　9：00～17：00（受付は16：30まで）
・休壕日　水曜、12月29日～1月3日
・見学料　町外の一般３００円、高校生２００円、小中学生１００円
・見学は事前予約制。申し込みは南風原文化センターへ、見学予定日の1年前から3日前までに、所定の申し込み用紙に必要事項を記入し提出。
・一度に壕内に入る人数は10名以内で、常駐ガイドが案内する。見学時間は1グループ20分程度。全員必ずヘルメットを着用、懐中電灯を使用（ともに現地で無料貸出)。

## 南風原文化センター

・南風原町字喜屋武２５７番地
・電話　０９８（８８９）７３９９
・開館時間　9：00～18：00
・休館日　水曜、12月29日～1月3日
・入館料　町外の一般３００円、中高校生２００円、小学生１５０円
・交通　沖縄バス40番・１０９番大里線で「福祉センター入口」下車、南城市大里方向に徒歩5分

常設展示で、南風原に関する歴史と沖縄戦、移民、むかしの暮らしなどに関する資料を公開。沖縄陸軍病院南風原壕群については壕内を復元展示し、体験寝台や壕で出土した遺物、それに黄金森の壕の地形模型、壕関係年表等があり、当時の様子がよく理解できる。

南風原文化センター

南風原文化センターの壕内想定復元展示

# 遺跡には感動がある

――シリーズ「遺跡を学ぶ」刊行にあたって――

「遺跡には感動がある」。これが本企画のキーワードです。

あらためていうまでもなく、専門の研究者にとっては遺跡の発掘こそ考古学の基礎をなす基本的な手段です。また、はじめて考古学を学ぶ若い学生や一般の人びとにとって「遺跡は教室」です。

日本考古学では、もうかなり長期間にわたって、発掘・発見ブームが続いています。そして、毎年厖大な数の発掘調査報告書が、主として開発のための事前発掘を担当する埋蔵文化財行政機関や地方自治体などによって刊行されています。そこには専門研究者でさえ完全には把握できないほどの情報や記録が満ちあふれています。しかし、その遺跡の発掘によってどんな学問的成果が得られたのか、その遺跡やそこから出た文化財が古い時代の歴史を知るためにいかなる意義をもつのかなどといった点を、莫大な記述・記録の中から読みとることははなはだ困難です。ましてや、考古学に関心をもつ一般の社会人にとっては、刊行部数が少なく、数があっても高価なその報告書を手にすることすら、ほとんど困難といってよい状況です。

いま日本考古学は過多ともいえる資料と情報量の中で、考古学とはどんな学問か、また遺跡の発掘から何を求め、何を明らかにすべきかといった「哲学」と「指針」が必要な時期にいたっていると認識します。

本企画は「遺跡には感動がある」をキーワードとして、発掘の原点から考古学の本質を問い続ける試みとして、日本考古学が存続する限り、永く継続すべき企画と決意しています。いまや、考古学にすべての人びとの感動を引きつけることが、日本考古学の存立基盤を固めるために、欠かせない努力目標の一つです。必ずや研究者のみならず、多くの市民の共感をいただけるものと信じて疑いません。

二〇〇四年一月

戸沢充則

### 著者紹介

池田榮史（いけだ・よしふみ）

1955年、熊本県天草市生まれ。

國學院大學大学院文学研究科日本史学専攻（考古学系）博士課程前期修了。

現在、琉球大学国際地域創造学部（地域文化科学プログラム）教授。

おもな著作　『海底に眠る蒙古襲来―水中考古学の挑戦―』（歴史文化ライブラリー478、吉川弘文館、2018年）、『ぶらりあるき沖縄・奄美の博物館』（共著、芙蓉書房出版、2014年）、『東アジアの周縁世界』（共編、同成社、2009年）、『古代中世の境界領域―キカイガシマの世界―』（編、高志書院、2008年）ほか。


**写真提供**
琉球大学考古学研究室：図1・3・23・25・26・28・30・32・34・35・36・38・39・41・44・46／南風原文化センター：図2・21・45・博物館紹介／沖縄県平和祈念資料館：図9・11・13・14・15

**図版出典（一部改変）**
図5：国土地理院20万分の1地勢図「那覇」／図6：高良倉吉 1980『琉球の時代』筑摩書房／図7・22・27・33・37：南風原町教育委員会 2000『南風原陸軍病院壕群Ⅰ』／図8：南風原町教育委員会 1990『津嘉山が語る沖縄戦』／図10・12・18・20：南風原町教育委員会 1987『南風原陸軍病院』／図24・29・31・40・42・43・：南風原町教育委員会 2008『南風原陸軍病院壕群Ⅱ』

上記以外は著者


シリーズ「遺跡を学ぶ」137

**沖縄戦の発掘　沖縄陸軍病院南風原《はえばる》壕群《ごうぐん》**

2019年 8月 10日　第1版第1刷発行

著　者＝池田榮史

発行者＝株式会社 新 泉 社
東京都文京区本郷2－5－12
TEL 03（3815）1662 ／ FAX 03（3815）1422
印刷／三秀舎　製本／榎本製本

ISBN978－4－7877－1937－9　C1021